不一樣的中國史 8

楊照 著

從外放到內向，重文輕武的時代

五代十國、宋

中國史是臺灣史的重要部分

歷史知識建立在兩項基本信念上，第一是相信人類的事物都是有來歷的，沒有什麼是天上掉下來或奇蹟所創造的；第二則是相信弄清楚事物的來歷很重要，大有助於我們分析理解現實，看清楚現實的種種糾結，進而對於未來變化能夠有所掌握，做出智慧、準確的決定。

歷史教育要有意義、有效果，必須回歸到這兩種信念來予以檢驗，看看是否能讓孩子體會、掌握歷史知識的作用。

不管當下現實的政治態度是什麼，站在歷史知識的立場上，沒有人能否認臺灣是有來歷的，不可能是開天闢地就存在，也不可能是什麼神力所創造的。因而歷史教育最根本該教的，就是「臺灣怎麼來的」。

要回答「臺灣怎麼來的」，必定預設了臺灣有其特殊性，和其他地方、其他國家不一樣，所以才需要從時間上溯源去找出之所以不一樣的理由。臺灣為什麼會有不一樣的文化？為什麼會有不一樣的社會？為什麼會有這樣的政治制度與政治狀態？為什麼會和其他國家產生不同的關係？……

所謂以臺灣為本位的歷史教育，就是認真地、好好地回答這幾個彼此交錯纏結的大問題。那麼歷史教育的內容好不好，也就可以明確地用是否能引導孩子思考、解答這些問題來評斷了。

過去將臺灣歷史放在中國歷史裡，作為中國歷史一部分的結構，從這個標準上看，有著明白而嚴重的缺失，那就是忽略了臺灣複雜的形成過程，特殊的地理位置使得臺灣從十七世紀就在東亞海域衝突爭奪中有了角色，中國之外的各種力量長期影響了臺灣。只從中國的角度，不看來自荷蘭、日本、美國等政治與文化作用，絕對不可能弄清楚臺灣的來歷。

但是，過去的錯誤不能用相反的方式來矯正。臺灣歷史不應該是中國歷史的一部分，然而中國歷史卻仍然是臺灣歷史非常重要的一部分。關鍵重點在調整如此的全體與部分關係，確認不該將臺灣史視為中國史的一部分，而該翻轉過來將中國史視為構成及解釋臺灣史的一部分。這樣調整之後，再來衡量中國史在如此新架構中該有的地位與分量。

不只是臺灣的社會與文化，從語言文字到親族組織原則到基本價值信念，和中國歷史有著太深、太緊密的連結；就連現實的政治與國際關係，去除了中國歷史變化因素，就無法理解了。硬是要降低中國歷史所占的比例分量，降低到一定程度，歷史就失去了解釋來歷和分析現實的基本作用了。

從歷史上必須被正視的事實是：中國文化的核心是歷史，保存歷史、重視歷史、訴諸歷史是中國最明顯、最特殊的文化性格。因而中國文化對臺灣產生過的影響作用，非得回到中國歷史上才能看得明白。

不理解中國史，拿掉了這部分，就不是完整的臺灣史。東亞史的多元結構無法提供關於臺灣來歷的根本說明，諸如：臺灣人所使用的語言文字、所信奉的宗教與遵行的儀式、內在的價值判斷優先順序、對於自我身分角色選擇認定的方式、意識深層模仿學習的角色模式……

歷史教育需要的是更符合臺灣特殊性的多元知識，但這多元仍需依照歷史事實分配比例，一味相信降低中國史比例就是對的，違背了歷史事實，也違背了歷史知識的根本標準。

目次 contents

第三講

北宋的建立與鞏固

第四講
祖宗家法和崛起的文人文化

第五講
「琴」：中國音樂的發展

第六講

「棋」：中國的遊戲生活

第七講

「書」：中國書法的演變

第八講

「畫」：文人畫的時代精神

第九講

禪宗與中國本土佛教

10 宗杲的佛教世俗化與佛、儒交融……255
11 禪宗沾染著濃厚的中國社會性質……257

第十講

理學及儒家的復興

「重新認識」中國歷史

1

錢穆（賓四）先生自學出身，沒有學歷，沒有師承，很長一段時間在小學教書，然而他認真閱讀並整理了古書中幾乎所有春秋、戰國的相關史料，寫成了《先秦諸子繫年》一書。之所以寫這樣一本考據大書，很重要的刺激來自於名譟一時的《古史辨》，錢穆認為以顧頡剛為首的這群學者，「疑古太過」，帶著先入為主的有色眼光看中國古代史料，處處尋覓偽造作假的痕跡，沒有平心靜氣、盡量客觀地做好查考比對文獻的基本工夫。工夫中的工夫，基本中的基本，是弄清楚這些被他們拿來「疑古辨偽」的材料究竟形成於什麼時代。他們不願做、不能做，以至於許多推論必定流於意氣、草率，於是錢穆便以一己之力從根做起，竟然將大部分史料精確排比到可以

「編年」的程度。

很明顯地，《先秦諸子繫年》的成就直接打擊《古史辨》的可信度。當時任職燕京大學，在中國學術界意氣風發、引領風騷的顧頡剛讀了《先秦諸子繫年》，立刻理解體會了錢穆的用意。他的反應是什麼？他立刻推薦錢穆到廣州中山大學教書，也邀請錢穆為《燕京學報》寫稿。中山大學錢穆沒有去，倒是替《燕京學報》寫了〈劉向歆父子年譜〉，錢穆自己說：「此文不啻特與頡剛諍議，頡剛不介意，既刊余文，又特推薦余在燕京任教。」

這是個「民國傳奇」。裡面牽涉到那個時代學者對於知識學問的熱情執著，也牽涉到那個時代學者的真誠風範，還牽涉到那個時代學院重視學識高於重視學歷的開放氣氛。沒有學歷的錢穆在那樣的環境中，單純靠學問折服了潛在的論敵，因而得以進入當時的最高學府任教。

這傳奇還有後續。錢穆後來從燕京大學轉往北京大學，「中國通史」是當時政府規定的大學歷史系必修課，北大歷史系慣常的做法，是讓系裡每個老師輪流排課，將自己所擅長的時代或領域，濃縮在幾堂課中教授，用這種方式來構成「中國通史」課程。換句話說，大家理所當然認為「中國通史」就是由古至今不同斷代的中國歷史接續起來，頂多再加上一些跨時代的專史。

可是被派去「中國通史」課堂負責秦漢一段歷史的錢穆，不同意這項做法。他公開地對學生表達了質疑：不知道前面的老師說了什麼，也不知道後面的老師要說什麼，每個老師來給學生片片斷斷的知識，怎麼可能讓學生獲得貫通的中國史理解？學生被錢穆的質疑說服了，也是那個時代的精神，學生認為既然不合理就該要求改，系裡也同意既然批評反對得有道理就該改。

怎麼改？那就將「中國通史」整合起來，上學期由錢穆教，下學期則由系裡的中古史大學者陳寅恪教。這樣很好吧？問了錢穆，錢穆卻說不好，而且明白表示，他希望自己一個人教，而且有把握可以自己一個人教！

這是何等狂傲的態度？本來只是個小學教員，靠顧頡剛提拔才破格進到北大歷史系任職的錢穆，竟然敢排擠數不清精通多少種語言、已是中古史權威的大學者陳寅恪，自己一人獨攬教「中國通史」的工作。他憑什麼？他有資格嗎？

至少那個年代的北大歷史系覺得錢穆有資格，就依從他的意思，讓他自己一個人教「中國通史」。錢穆累積了在北大教「中國通史」的經驗，後來抗戰中隨「西南聯大」避居昆明時，埋首寫出了經典史著《國史大綱》。

2

由《國史大綱》的內容及寫法回推，我們可以明白錢穆堅持一個人教「中國通史」，以及北大歷史系接受讓他教的理由。那不是他的狂傲，毋寧是他對於什麼是「通史」，提出了當時系裡其他人沒想到的深刻認識。

用原來的方式教的，是「簡化版中國史」，不是「中國通史」。「中國通史」的關鍵，當然是在「通」字，而這個「通」字顯然來自太史公司馬遷的「通古今之變」。司馬遷的《史記》包納了上下兩千年的時代，如此漫長的時間中發生過那麼多的事，對於一個史家最大的挑戰，不在如何蒐集兩千年留下來的種種資料，而在如何從龐大的資料中進行有意義的選擇，從中間選擇什麼，又放棄什麼。

關鍵在於「有意義」。只是將所有材料排比出來，呈現的勢必是偶然的混亂。許多發生過的事，不巧沒有留下記錄資料；留下記錄資料可供後世考索了解的，往往瑣碎零散。更重要的，這些偶然記錄下來的人與事，彼此間有什麼關聯呢？如果記錄是偶然的，人與人、事與事之間也沒有什麼關聯，那麼知道過去發生了什麼事要做什麼？

史家的根本職責就在有意識地進行選擇，並且排比、串聯所選擇的史料。最簡單、最基本的串聯是因果解釋，從過去發生的事情中去挖掘、去探索「因為／所以」：前面有了這樣的現象，以至於後來有了那樣的發展；前面做了這樣的決定，導致後來有了那樣的結果。排出「因為／所以」來，歷史就不再是一堆混亂的現象與事件，人們閱讀歷史也就能夠藉此理解時間變化的法則，學習自然或人事因果的規律。

「通古今之變」，也就是要從規模上將歷史的因果解釋放到最大。之所以需要像《史記》那樣從文明初始寫到當今現實，正因為這是人類經驗的最大值，也就提供了從過往經驗中尋索出意義與智慧的最大可能性。我們能從古往今來的漫長時間中，找出什麼樣的貫通原則或普遍主題呢？還是從消化漫長時間中的種種記錄，我們得以回答什麼只有放進歷史裡才能回答的關鍵大問題呢？

這是司馬遷最早提出的「通古今之變」理想，這應該也是錢穆先生堅持一個人從頭到尾教「中國通史」的根本精神價值來源。「通史」之「通」，在於建立起一個有意義的觀點，幫助學生、讀者從中國歷史中看出一些特殊的貫通變化。這是眾多可能觀點的其中一個，藉由歷史的敘述與分析能夠盡量表達清楚，因而也必然是「一家之言」。不一樣的人研究歷史會看到、凸顯不同的重點，提出不同的解釋。如果是因不同時代、不同主題就換不同人從不同觀點來講，那麼追求一貫「通古今之變」的理想與精神就無處著落了。

3

這也是我明顯自不量力一個人講述、寫作一部中國歷史的勇氣來源。我要說的，是我所見到的中國歷史，從接近無窮多的歷史材料中，有意識、有原則地選擇出其中的一部分，講述如何認識中國歷史的一個故事。我說的，只是眾多中國歷史可能說法中的一個，有我如此訴說、如此建立「通古今之變」因果模式的道理。

這道理一言以蔽之，是「重新認識」。意思是我自覺針對已經有過中國歷史一定認識的讀者，透過學校教育、普遍閱讀甚至大眾傳媒，有了對中國歷史的一些基本常識、一些刻板印象。

我試圖要做的，是邀請這樣的讀者來「重新認識」中國歷史，來檢驗一下你以為的中國歷史，和事實史料及史學研究所呈現的，中間有多大的差距。

也就是在選擇中國史敘述重點時，我會優先考慮那些史料或史學研究上相當扎實可信，卻和一般常識、刻板印象不相合甚至相違背的部分。這個立場所根據的，是過去百年來，「新史學」、西方史學諸方法被引進運用在研究中國歷史所累積的豐富成果。但很奇怪的，也很不幸的，這些精采、有趣、突破性的歷史知識與看法，卻遲遲沒有進入教育體系，沒有進入一般人的歷史常識中，以至於活在二十一世紀的大部分人對中國歷史的認識，竟然都還依循著一百多年前流通的傳統說法。「重新認識」的一個目的，就是用這些新發現、新研究成果，來修正、挑戰、取代傳統舊說法。

「重新認識」的另一個目的，是回到「為什麼學歷史」的態度問題上，提供不同的思考。學歷史到底在學什麼？是學一大堆人名、地名、年代，背誦下來在考試時答題用？這樣的歷史知識，一來根本隨時在網路上都能查得到，二來和我們的現實生活有什麼關聯？不然，是學用現代想法改編的古裝歷史故事、歷史戲劇嗎？這樣的歷史，固然有現實連結，方便我們投射感情入戲，然而對於我們了解過去、體會不同時代的特殊性，有什麼幫助呢？

在這套書中，我的一貫信念是，學歷史最重要的不是學 What ——歷史上發生了什麼，而是更要探究 How and Why ——去了解這些事是如何發生的、為什麼會發生。沒有 What 當然無從解釋 How and Why，歷史不可能離開事實敘述只存在理論；然而歷史也不可以、不應該只停留在事實敘述上。只敘述事實，不解釋如何與為什麼，無論將事實說得再怎麼生動，畢竟無助於我們從歷史而認識人的行為多樣性，以及個體或集體的行為邏輯。

藉由訴說漫長的中國歷史，藉由同時探究歷史中的如何與為什麼，我希望一方面能幫助讀者梳理、思考今日當下這個文明、這個社會是如何形成的；另一方面能讓讀者確切感受到中國文明內在的多元樣貌。在時間之流裡，中國絕對不是單一不變的一塊，中國人、中國社會、中國文明曾經有過太多不一樣的變化。這些歷史上曾經存在的種種變貌，總和加起來才是中國。在沒有如實認識中國歷史的豐富變化之前，讓我們先別將任何關於中國的看法或說法視為理所當然。

4

這是一套一邊說中國歷史，一邊解釋歷史知識如何可能的書。我的用心是希望讀者不要只是被動地接受這些訊息，當作是斬釘截鐵的事實；而是能夠在閱讀中主動地參與，去好奇、去思考：我們怎麼能知道過去發生了什麼，又如何去評斷該相信什麼、懷疑什麼？歷史知識的來歷常常和歷史本身同樣曲折複雜，甚至更加曲折複雜。

這套書一共分成十三冊，能夠成書最主要是有「敏隆講堂」和「趨勢講堂」，讓我能夠兩度完整地講授中國通史課程，每一次的課程都前後橫跨五個年頭。換句話說，從二〇〇七年第一講開講算起，花了超過十年時間。十年備課、授課的過程中，大部分時間用於消化各式各樣的論文、專書，也就是關於中國歷史的研究，並努力吸收這些研究的發現與論點，盡量有機地編組進我的歷史敘述與討論中。明白地說，我將自己的角色設定為一個勤勞、忠實、不輕信、不妥協的二手研究整合者，而不是進入原始一手材料提出獨特成果的人。也只有放棄自己的原創研究衝動，虛心地站在前輩及同輩學者的龐大學術基礎上，才有可能處理中國通史題材，也才能找出一點點「通」的心得。

將近兩百萬字的篇幅，涵蓋從新石器時代到辛亥革命的時間範圍，這樣一套書，一定不可避免地含夾了許多錯誤。我只能期望能夠將單純知識事實上的「硬傷」降到最低，至於論理與解釋帶有疑義的部分就當作是「拋磚引玉」，請專家讀者不吝提出指正意見，得以將中國歷史的認識推到更廣且更深的境界。

第一講

從中古到近世的過渡

01 教歷史不該堆砌史實，要有自己的史觀

在這套書的〈前言〉中，我提到錢穆先生堅持一個人教中國通史的理由與信念，進而以教學的講義為基礎，寫成了經典的《國史大綱》。如書名標示的，這本書採取了條列的「大綱」形式，沒有太多的仔細推斷說明，關鍵重點在於書中明確示範了一種新的歷史教學態度。教歷史不應該是堆砌史實，而是要呈現歷史變化的趨勢，以及解釋歷史變化的意義。

正因為對於歷史變化趨勢的解釋沒有客觀標準，不可能有統一的答案，才有了對史學家的挑戰，以及相應的責任。每位史學家必須提出自己的看法，也就是要有自己的史觀。錢穆他們那一代的史學工作者向我們證明了一件事：不能也不應該接受現成的、固定的觀點來講歷史，必須誠實、認真地回到史料，依照你所處理的史料尋找出所需的解釋方式與架構，那就是史觀。史觀很重要，只有經過以特定觀點選擇、消化過的，才成其為史學。

這也就是為什麼在我當學生的年代，大學裡「中國通史」課程理所當然都是由一位老師從頭教到尾。然而大部分的老師並不了解如此授課的用意及困難，他們所教的歷史缺乏觀點，只是堆積了大量史實，其中有些甚至是傳統留下來的說法，未曾經過嚴格的檢驗。很不幸地，那個年代雖然所有的大學生都必須上一年的「中國通史」課程，卻很少人會因此對中國歷史感興趣，也

很少人因此對中國歷史有深刻的認識與理解，反而使很多人從此留下歷史很無聊，中國歷史與自己、與現實沒有任何關聯的印象。

援引錢穆先生作為我講通史的典範，重點在於凸顯觀點與解釋，卻絕對不表示我有和錢穆先生一樣的史學配備。錢穆先生一輩子浸淫在第一手的傳統史料中，博聞強記，大量閱讀、大量比對，從中得到原創性的結論。早年的《先秦諸子繫年》是通讀了現存所有的先秦史料，經過細密比對，將春秋戰國的人與事，以編年的方式排比出嚴謹的先後順序，一方面建立在當時流行的「疑古」考據基礎上，另一方面屏除了「疑古派」將古史都當作偽造的偏激態度，等於是冷靜地整理凌亂戰場，找出了大家可以理性討論的相對乾淨空間。

我沒有錢穆先生的這種功力，我能做的、我擅長做的，是好好認真閱讀並消化《先秦諸子繫年》，和其他各家的說法比對判斷。雖然我大致通讀過傳統中國的主要經典，但我的中國歷史知識主要建構在這些現代的研究成果上。我讀過司馬光的《資治通鑑》，讀過王夫之的《讀通鑑論》，可是沒讀完《續資治通鑑長編》、《明通鑑》。我對宋代、明代歷史的了解，毋寧更受到我的老師如林瑞翰、梁賡堯、徐泓等先生的啟發和影響。

因而我寫的這套通史，建立在兩個閱讀假設上。第一是假設讀者對於中國歷史有基本的認識，知道漢朝和三國之間的關係，知道唐太宗是誰，知道中國文學史上的主要作家……；第二則是假設讀者並不熟悉從民國以來對於中國歷史的種種研究結果，不知道原來有那麼多看待中國歷史的不同角度、不同方法。在這兩個假設上而有了這套書的寫法，不多說基本史實，盡量避開大家熟悉且視為理所當然的傳統看法，融會貫通地介紹近百年來中國史學界的突破性成果。

這裡說的中國史學界，包括了民國時期在大陸的史家，一九四九年之後流落到臺灣、海外的史家，新中國建立後依循馬克思唯物論進行研究的史家，也包括不是用中文寫作的日本、美國、歐洲漢學家。盡可能平等、尊重地看待他們在中國歷史研究上的成績，不輕率地質疑、批判。

02 余英時對王陽明「悟道」的突破研究

容我舉個和中國近世史相關的突破性研究。過去講宋代、明代，一定會講理學，也就一定會講到「程朱」、「陸王」學派之爭，而錢穆先生的大弟子余英時先生就曾藉由整理北宋的政治環境，對明代「王學」興起提出了新的解釋。[1]

傳統上將「程朱」、「陸王」視為理學內部之爭，是理學的兩個派別。「程朱」強調工夫，看重知識學問的累積，認為這和漸進的修養是一致的；「陸王」卻強調回到「本心」，最重要的是發現自身原本就具備的「良知」、「良能」，認為這樣的修養和知識學問並沒有必然的關係。

清楚的歷史變化與事實是：「程朱」在宋代是主流，然而明朝中葉以後，「陸王」大盛，取代「程朱」成為主流思想。但為什麼會有這樣的變化？尤其是如何解釋王陽明在明代思想上產生的巨大影響？

王陽明生平最重要的思想事件是「龍場悟道」。包括《傳習錄》在內的眾多文獻都記錄了王陽明在龍場悟及之道，那就是所謂「格物」不應該是向外求取事物的道理，而是轉向自我內心去體會良知，也就是「致良知」的修養工夫。王陽明至此以《孟子》的「良知」觀念重新定義《大學》中「格物致知」的意義。他主張「致知」就是「致良知」，而不是去學習、累積外在的知識，甚至主張積極求取學問是走錯了路，反而會妨礙我們認識「本心」，即獲得真正的內在道德體會。

不過，這樣的思想突破為什麼會是在荒僻的貴州龍場形成的呢？余英時先生認為，這就不只要考察王陽明的政治活動，還要將他的行為與所得到的結果，放置在更廣大的近世文人與朝廷關係的變化上來理解。

王陽明是因為替戴銑說情，得罪了當權的宦官劉瑾，被處以廷杖，也就是在朝廷上公開被打得死去活來的懲罰，然後又被流放到遠離中原、被視為魑魅魍魎之地的龍場。他當然受到重大的刺激，大到迫使他不得不思考士人與「道」——他原本視為理所當然的信仰與理想——之間的

1　可參考余英時，《宋明理學與政治文化》（臺北：允晨文化，二〇〇四年）。

關係。

過去他依隨著程顥、程頤、朱熹他們從宋代傳留下來的理念，認定士人的必然政治角色就是和皇帝共治天下。士人憑藉其知識、見地與智慧服務皇帝，並且透過對皇帝提供的服務來實踐「道」。然而現實是，這樣的情況在明朝改變了。宋代是真正尊重文人、士人的，宋朝皇帝會鄭重其事地宣告：本朝不殺士人，以此作為政治合法性的關鍵基礎。[2]但明朝皇帝哪是這樣？到了明朝，應該是連要找一位從來不殺士人的皇帝都很難吧！而且不只殺士人，還公開侮辱士人，動不動就施以廷杖，剛開始穿著褲子打，後來甚至脫下褲子，真正朝死裡打。這是明朝對待士人的態度。

余英時整理相關史料，重新解釋王陽明的「龍場悟道」。最核心的理由其實是一份政治信念的逆轉，他決定「放棄皇帝」，不再以透過皇帝為必然、唯一的實踐之道。「龍場悟道」悟在寧可走向民間，「致良知」之說意味著沒有知識、沒有學問的人一樣可以行道。王陽明放棄了原本士人和皇帝合作的期待，不再以皇帝為自我行道的前提條件。他轉而相信、轉而選擇應該說服更多人來進行聖人修養，讓滿街都是聖人，那麼天下自然就太平了。以前那一套靠聖君來行道、來追求太平的觀念，至此在他心中已土崩瓦解了。

余英時用這種方式，將傳統上視為思想與哲學內部的爭議，增添了豐富的外部理由。除此之外，同樣以王陽明為對象，余英時也從另一個方向深化我們對於中國思想史的認識。傳統上將清朝中葉大盛的考據學，單純看作是滿清高壓統治的結果。不許漢人自由思想、自由討論，興文字獄控制文人，以至於文人不能也不敢講義理之學，只好紛紛逃入考據裡。因為考據與價值信仰無關，可以不受限制，更可以不被文字獄威嚇。

但余英時同樣憑藉著對於史料的認真研讀，告訴我們這個變化不是那麼簡單發生的。在政治局勢影響外，還牽涉到理學內部的思想爭議，甚至牽涉到中國傳統思想的基本個性。王陽明挑戰「程朱」所說的「格物」，但他不能單純說「我認為」、「我相信」、「我主張」。依循中國傳統知識系統的習慣，他必須找到陸象山為其權威來歷，再從陸象山上溯孟子，最終一定要找到和儒學絕對權威——孔子——之間的聯繫。

王陽明宣稱自己的主張來自孔子，但「程朱」也宣稱他們承襲孔子的教誨啊！此亦孔子，彼亦孔子，但孔子怎麼可以有兩個？誰的孔子比較可信、比較有道理呢？那就得回到孔子、孟子留下來的文獻裡檢驗，如此產生了儒學內部進行詳密考據的強大動機。在創造考據學大盛的歷史現象上，這個動機至少和滿清政治壓迫同等重要。

2 王夫之《宋論・太祖三》云：「太祖勒石，鎖置殿中，使嗣君即位，入而跪讀。其戒有三：一、保全柴氏子孫；二、不殺士大夫；三、不加農田之賦。嗚呼！若此三者，不謂之盛德也不能。」雖然關於「太祖誓碑」的真實性，歷來學者有不少質疑，但宋代史料中多有出現「祖宗以來，未嘗輕殺士人」之類的記錄，皇帝優待文臣而不輕殺，也是宋朝政治的實況。

03 文人、商業、都市，三項近世元素

同樣關係到近世歷史特性，余英時還研究過「士商互動」的現象。利用大陸依照馬克思唯物論而來的「資本主義萌芽期」討論挖掘出的大批史料，他注意到宋代以降商人地位的變動。基本方向是商人地位不斷提升，而且商人和士人之間的互動愈來愈密切。雖然表面上的說法還是維持「士農工商」的上下順序，但實質在社會上，商人已經凌駕農人和工人，其地位僅次於士人。不只如此，很多商人出身士人家庭，是所謂的「儒商」，還有很多士人放棄了科舉生涯，轉行從商，是儒商的另一種來歷。

為什麼會這樣？一個重要原因是人口的增長，社會上有資格參加考試的人愈來愈多，相應地考取的機率就不斷下降。要靠考試取得功名愈來愈難；更進一步，要靠考試做官來維持家業不衰也愈來愈難。在激烈競爭的情況下，參加考試要耗費很久的時間，花三十年時間考到進士是很正常的，每產生一位進士，過程中還不知有多少人窮盡同樣三十年時間卻一直是老童生。那麼試問，熬到能中進士，這過程需要的資源要從哪裡來呢？

如果家裡不能長期提供這些資源，藉由士人的地位與成就來維持家業的機會也就消失了。逐漸地，社會上自然形成了以家族為單位結合士商的「贏的策略」。家裡當然要培養會讀書、能考

試的子弟，但除了這些朝仕途艱困前進的子弟外，其他人就去經商。經商獲利可以提供漫長準備科舉所需的資源，無後顧之憂的士子考取機會提高，又可以給予家族光是財富無法買來、換來的地位。如此，士商密切結合的家庭，整體的社會成就很明顯地超越了只從商或只仕進的家庭。

這是近世史出現的特殊現象，意味著那是在宋代之前沒有的。作為一個歷史斷代觀念，「近世」指的是從宋朝建立到大約十九世紀中葉，即西方勢力進入中國前的這一段時間。這段時間的中國政治、社會、文化，和前面的「中古」時期有著很明顯的差異。

在三個面向上最能清楚看出「近世」和「中古」的不同。第一是獨特的文人文化，第二是商業的勃興，第三是發達的都市環境與都市生活，而這三項「近世元素」又是彼此連環相關的。

文人、商業、都市都不是到這段時期才出現的，卻在這段時期中有了突破性的新發展。簡單地以都市為例，之前的中國城市是「城中有市」，但市場的商業買賣並不是圍起城牆的主要動機。過去以城牆圍起來的人群聚集空間，主要考量是安全，是行政管理的中心功能。因而中古的城市往往牆中有牆，圍出特殊的市場空間，只准許在那個空間裡進行商業行為。近世的城市不再有這樣的限制，城中到處都可以開設商店，不只是商店的數量大為增加，連帶地商業買賣的範圍也擴張了，從事商業買賣、和商業買賣有關的人口，當然也隨之大幅增加。

從這三項近世特性，更能看出一八四〇年（第一次鴉片戰爭）之後產生的激烈變化。十九世紀中葉興起了像上海這樣前所未見的通商城市。本來的小漁村被捲入新的帝國主義條約架構中，快速地變身為商業資本中心，又進一步發展出新型態的工業資本。原本占據傳統社會中心位置的文人文化，也在這個時期中快速變質。隨著帝國主義對中國的侵奪，過去最能代表中國的文人文化，也就理所當然成為中國積弱不振的頭號理由。先是歐洲人從原本「啟蒙主義」時期的崇拜態度轉為輕視，接著中國人之間也掀起了對文人文化的強烈批判，引發了長遠的、且愈來愈極端的「反傳統」現代觀念。

撐起近世中國社會的三大支柱都改變、傾頹了，歷史也就明確進入另一個完全不同的時期。

04 近世特徵：文人文化及延伸的全面生活

近世歷史中的文人文化，和科舉、儒學有很密切的關係。文人文化的基本價值來自於儒學，可以說其頭腦是儒家的。不過這個頭腦裡的儒家，和孔子、孟子的原始儒家不一樣，也和從魏晉南北朝延續到唐朝，主要以「禮」為核心的經學不一樣。那是一種受到佛教挑戰衝擊，因而在宋代特別發展出來的「理學」，其道德實踐的一面承襲自孔子、孟子，然而其擴大的形上學、本體論乃至論理的邏輯，則來自佛教。

最特別的是文人文化不只有腦袋，還有延伸的全面生活方式。那樣的生活方式，更是之前中古時期絕對未曾有過、甚至難以想像的。

一九九九年，因應當時即將來到的新世紀以及新的千禧年，美國的《紐約時報》做了一個大型專輯，找來多位歷史學家，請他們回答：「如果可以選擇，在過去的一千年中，你希望自己活在哪個時代、什麼地方？」問到耶魯大學的史景遷教授，他的英文原名是 Jonathan Spence，因為學習漢學，景仰司馬遷，所以給自己取了這個中文名字。他的答案是——「十六世紀的明代中國」。

那是史景遷認為整個一千年世界史中最美好的生活環境。這當然不是任意選的。讓史景遷做出這樣判斷的，最主要就是由文人文化衍生、創造出來的生活，在那裡有一種獨特的中國氣質，不只表現在文人的生活中，而且塑造了一套生活的理想，或者說理想的生活。

文人文化的傳統分類是「琴棋書畫」。但當他們說「琴」時，指的當然不只是具體的琴或琴所演奏出來的音樂。以「琴」代表音樂，就是為了凸顯那不是一種演奏的技術，後面牽涉到更複雜的音樂與人之間的關係。和其他樂器最大的不同之處，琴不是屬於專業匠師的。文人彈琴，重點不在表現熟練乃至困難的技巧，而在保有業餘的生澀，為了表現自己、為了體會聲音的本質而彈奏。

「棋」主要指的是圍棋，那也不是單純的娛樂或對弈競爭。圍棋最特別之處就在其高度的抽象性。只有黑白棋子，只有橫豎交錯的直線，那麼簡單的條件，卻能產生近乎無窮的變化。因而圍棋就取得了高度的象徵意義，連帶地下圍棋也成為一種接近「道」、接近抽象真理的體驗。

類似的抽象精神也貫徹在書法中。書法的線條和圍棋一樣抽象，一樣只以白紙和黑墨的簡單結合來表現，不過書法比圍棋多了「字」的意義。如何適當安排那些簡單卻又變化無窮的點線筆畫，使其不只呈現出空間的美感，還更進一步和文字的意義相配合，有其輕重濃淡，是書法的內在精神追求。

繪畫比書法更具象，但近世中國繪畫的主流是「文人畫」，重視的就不是如何畫得像，甚至也不是如何畫得美。畫得像、畫得美，那是工匠的工夫本事，而之所以要由文人來畫，就是要表現一種主觀意境，將客觀的、具體的形象經過改造，用來反映主觀的、超越現實拘束的領悟。沒有這種領悟，那就只是「畫」，而不是合格的「文人畫」。

05 朝代觀下的五代十國，看錯了歷史重點

傳統的朝代史架構中，從唐朝到宋朝，中間有個古怪、尷尬的「五代」。首先，「五代」應該算作五個朝代，還是總合起來當作一段時期？

從一個角度看，梁、唐、晉、漢、周的確是前後相續的政權，每個政權有不同姓的人當皇

帝，符合朝代的基本定義。然而換另一個角度看，由朱溫創建的後梁於西元九〇七年形成，後周則在九六〇年被趙匡胤所滅，五個朝代加在一起總共只延續了五十多年。而且五個朝代的名稱通通是抄襲、沿用歷史上曾經有過的，以至於後來提及，都必須給這些朝代加上「後」字，成了「後梁」、「後唐」、「後晉」、「後漢」、「後周」，才不會產生混淆與誤會。這樣的朝代也太小型、太接近兒戲吧！

五代很難被認真當作五個朝代看待還有一個理由：細分下來，後梁存在十七年、後唐十四年，這是相對較長的兩個政權，再來後晉十一年、後周九年，那麼最短的後漢呢？兩位皇帝一共只存在了四年！

四年也能叫一個「朝代」？為什麼這四年值得被特別記錄在歷史上，占據一個朝代的名額？如此短暫存在的政權，短暫到根本不可能有任何特殊建樹與長遠影響的政權，為何在歷史上就必須給這四年特別的地位，和漫長時間中數不清的其他四年區別開來？我們能不質疑這樣的歷史觀點嗎？

當然，過去很早就有人質疑了，所以傳統上多增加了一個名詞，以「五代十國」來統納、稱呼這個時代。不過加入了「十國」，只會讓朝代觀念更難有說服力。會有十國，是因為五代所建立的政權，其勢力基本上都不及南方。十國中除了北漢，其餘九國都在南方，而且這十國每一個存在的時間都長過五代。五代中最長的後梁不過十七年，但十國中最短命的前蜀都有二十三年，最久的吳越更是長達七十二年，就連出了有名的亡國之君李後主的南唐，都存在了三十九年。

那麼問題來了，為什麼我們將梁、唐、晉、漢、周視為朝代，而將這些同時存在的政權排除在外？今天被稱為「十國」的這些政權，他們也都自視為一個朝代，很多也都抱著想要擴張、統一的態度，從時間、疆域，甚至漢族中心角度看，他們作為朝代的資格都不遜於梁、唐、晉、漢、周。那為什麼不是倒過來，以存在最久的吳越，或是最後一直到西元九七九年才滅亡的北漢為朝代，把梁、唐、晉、漢、周看作短暫興滅的「國」呢？

「五代十國」觀念上的混亂，真正說明了那個時代的變化與型態，並不是依循朝代的方式進行的。後世為了方便整合歷史敘述的模式，硬是將中央統一的朝代觀套在這個特殊的時代上，造成了許多不必要的誤解，也使得我們看錯了歷史的重點。

當作朝代史來看，我們會將重點放在朱溫、李存勗、石敬瑭等人身上，敘述他們如何建國，他們的子孫又如何亡國。但認真想想，這些敘述、這些軍事或政治的故事真的重要嗎？我們為什麼需要仔細了解一個前後才四年的朝代如何建立，又如何滅亡？

06 武人治國：五代十國最特殊的現象

若是換一種眼光來看這段時期，離開朝代的框架，聯繫上之前唐朝的藩鎮，我們或許能將歷史上發生的變化看得更清楚一點。安史之亂後，經過唐德宗、唐憲宗的幾度改革，勉強維持住唐朝的中央政府，不過有兩件事持續進行著，並沒有停下來。

一是中央官制所及的區域不斷縮小，愈來愈多地方被劃歸為藩鎮勢力範圍，也就是實質上不再聽命於中央的獨立王國，只是保持表面對唐朝的效忠。藩鎮和中央的衝突始終不斷，藩鎮想要更多的獨立權，中央想要限縮藩鎮的獨立性，而衝突一旦表面化，得到的結果是朝廷贏少輸多，於是藩鎮就愈來愈強大。即使是唐憲宗時，朝廷一度收回了部分的權力，但仍然無法真正扭轉長遠的趨勢。

第二項變化趨勢是，這段時間中武人和武力愈來愈重要。藩鎮本來就是軍事單位，再擴大為遂行軍事目的而獲得軍民政統合權力的單位，再進一步成為獨立中心。藩鎮的領導者大部分是武人，靠著會打仗、能統兵以取得權力與地位，接下來也必須藉由保有武力、增強武力來抗衡朝廷，並擴張勢力。

所謂的「五代十國」，其實就是藩鎮發展的更高階段。到這個階段，唐朝中央政權已徹底瓦解消失了，這是大變化。梁、唐、晉、漢、周不是真的能繼承唐朝，取得重建中央的實力，而是這些藩鎮擴大後的幾個最主要的中心。基本架構仍然是藩鎮割據，「五代」不過是控有中原地區的新一代藩鎮力量。

從朝代史的角度看，控有中原就取得了特殊的朝代地位，好像就是最重要的。但從藩鎮變化，尤其從藩鎮發展的角度看，這恐怕和事實不符。藩鎮靠武力相爭，過程中造成經濟壓力，受限於生產條件，北方的情況不可能比得過南方。這就是為什麼南方的「十國」存在時間超過北方的「五代」。

事實是中原地區已經不足以支撐好幾個藩鎮，經濟生產上的困難迫使這個地區只能有一個統合的勢力，而即便統合勢力好不容易形成了，也都還要面對其他藩鎮的挑戰，所以才會有那麼快速的更迭替換。這五十多年時間裡，真實情況是中央政權無法維持，也就是說，根本一直都沒有能夠確立站穩的朝代。那不是五個朝代，也不是五個短命朝代加起來構成的時期，而是藩鎮割據取消了朝代的特殊狀況。

「五代」的說法讓我們誤以為朝代還在，於是就看不清藩鎮割據所帶來的嚴重分裂，也就忽略了從中唐以來武人握有愈來愈大的政治權力的性質。武人治國才是這個時代最特殊的現象，在過去的中國歷史上幾乎從未見過，也形成了後來宋朝從建立到維繫必須解決的最大問題。

07 武人黥面與養子制，為社會帶來破壞

這五、六十年是中國歷史上少見的大混亂局面，甚至比南北朝的分裂更加混亂。南北朝雖然沒有統一的政權，然而不論是北方或南方，門第都構成了社會的骨幹，對政權產生了極大的制約作用。

門第最初在漢末形成，歷經三國、魏晉，再到南北朝，朝代政權分分合合不斷改變，但就連異族入侵，都沒能完全摧毀門第的力量。如果不是靠著崔家的協助與合作，北魏不可能成功轉化，也不可能成為北方最大的強權。在南方，從東晉開始，每個朝廷都必須爭取王家、謝家等僑姓，還有陸家、朱家等吳姓門第的力量，甚至必須看他們的臉色來運作政治權力。這是經歷了長期分裂，中國畢竟還能統一的伏流因素。

對照之下，唐代收拾了世族力量，當然不可能再依靠門第來抵擋武人與戰爭對社會帶來的破壞。並不是說這個時期的戰爭比以前的更激烈、更可怕，而是戰爭在社會上留下的破壞更普遍、更深刻。舉個例子，連年混戰使得軍隊失序，不只是逃兵現象極為普遍，就連在路上遇到別支軍隊究竟是友是敵都很難確認。於是產生了一種特殊的做法——在士兵臉上刺青，以便確定他是屬於誰的軍隊。

這個現象顯示了當時軍隊的混亂無序程度，以至於必須將他們的部隊歸屬與身分刺在臉上；另外也顯示了那個時代的社會動亂程度，有那麼多流離失所的人，即便面對如此可怕嚴苛的條件，都還願意從軍。一支軍隊得以用這種方式防止逃兵，並且提供標示區別，很快地其他軍隊也會仿傚，到後來甚至成為普遍的風氣，只要是士兵，臉上就都有這種刺青。

武人身上帶著永遠無法消除、而且很難掩藏的標記，連帶地給中國社會帶來了根本的變化。第一個影響是，社會上有著根深柢固對武人的歧視，於是這些臉上有刺青的武人就很難得到正常的娶妻機會。被排除在正常婚嫁運作之外的人，自然地會動用身上具備的武力來破壞原有的家庭結構。五代時期特殊的習俗是「搶婚」，這並不是出於哪個男人愛上了特定的女人，得不到人家相對的青睞，所以訴諸武力，而是幾乎所有臉上刺了青的男人如果想要結婚，就只能採取如此非傳統的、對既有社會習俗帶有高度破壞性的方式。

刺青現象還點出了這個時代嚴重的忠誠度危機，人與人之間的互動信任都失效了，才會動用如此粗暴的方式來維持軍隊內部所需的效忠。關於這點，我們還是應該從唐朝中葉一路看下來，看到當時流行的「養子制」。那個時代的養子可不是兩三歲就抱養來的，那主要是流行在武人之間的一種關係約束。年紀較長的武將從行伍中找到賞識的年輕人，便以認養子的方式建立彼此間更緊密的關係，確保年輕部屬的效忠。

後唐皇帝李嗣源、李從珂都有養子身分（前者為李克用養子，後者為李嗣源養子），其實那顯示的是他們年輕時便受到賞識，是人家重要的部將。為什麼要特別將重要部將收為養子？就是要借用傳統的家庭紐帶以增強武人之間的忠誠度，希望養子對養父可以有兒子對父親那樣的敬畏與順從。不過在軍隊裡養子風氣日益普遍，到處都是養子，不只是養子相對不那麼重要了，更糟的是產生了連帶破壞傳統家庭關係的副作用。

讀五代的相關史料，會發現很多兒子背叛父親、甚至兒子殺父親的記錄，其中當然大多數是養子和養父的緊張關係，但也不乏有發生在親生兒子和親生父親之間的。換言之，養子不可能真正敬畏與順從養父，尤其在軍隊的環境中，自身有能力才會被挑中來當養子的情況下，影響所及，這個時代一般父子的關係也被破壞了。

08 偏離文明基本方向的荒唐、裂解時代

五代是一段過渡時期，幸好是短暫的過渡時期，因為中國社會最基礎的元素在此時受到了嚴厲的挑戰與威脅。中國社會基礎中的基礎是家族制度，是從周代封建體系一路傳承下來的。封建制度像是堅硬的外殼，然而賦予這套制度生命的，是內在柔軟的家族人倫。每個人在家族中都有一個位子，同時也就有了可以依賴的固定行為準則，人與人之間的敵意與摩擦藉此大幅降低，社

會秩序也有了深入到個人日常生活的支撐。

然而五代發生了許多宋代之後不可想像的、破壞家族人倫的行為。例如再婚甚至重婚，同時間保有兩個婚姻關係，不只男人如此，女人也有。很有名、也很具代表性的是劉氏的故事。她的第一任丈夫是尚讓，尚讓擔任過黃巢建國（大齊）之後的宰相。黃巢兵敗，尚讓攜劉氏投降藩鎮武將時溥，不久尚讓被殺，劉氏在徐州淪落青樓，又被時溥所得，就跟在時溥身邊。後來朱溫（篡唐後為梁太祖）擊敗時溥，劉氏就成為朱溫的寵妾，一度號稱「國夫人」。然而當朱溫為了獎賞大臣敬翔，就以劉氏為禮物送了過去。

劉氏送給了敬翔，卻常常進宮不回家，和朱溫牽扯不清。有一次敬翔生氣地罵了劉氏，沒想到劉氏的反應是將自己跟過的男人從尚讓開始一一點數，不客氣地問敬翔：「和這些人相比，你覺得你比得過嗎？」敬翔竟也因此向劉氏道歉。

《舊五代史．敬翔傳》特別記錄了這段故事，是因為從後世的角度看去，這樣的行為言論太荒唐了。當然真正荒唐的不是劉氏，而是那個時代，中國的傳統家庭制度竟然被武人破壞到這種程度。

五代的歷史記錄中，有許多和男女情慾有關的誇張情節，顯現了後世對這段時期留下的強烈印象，也是後世對這段時期形成的批判意見。

十國中閩的開國君主是王審知，他的兒子閩嗣王王延翰，和許多當時的帝王一樣，史書中特別凸顯了王延翰的好色。他從民間選了許多美女入宮，這不是什麼稀奇的事，稀奇的是有一年，這些獲選入宮的女子竟然集體死了八十四人。怎麼會這樣？因為王延翰的正妻崔氏施了各種手法，將這些可能會激發國君性慾的女人一一除去。

從通史的角度，而不是單個斷代的角度看，我們看到的是這個裂解的時代，武人統治產生了好幾個政權中心，每天上演著這種違背、破壞傳統社會倫常的荒淫鬧劇。這是唐代藩鎮割據狀況的進一步惡化，進一步偏離了中國文明延續上千年的基本方向。

09 上襲唐朝藩鎮，下啟宋朝對反思想

五代之後出現了趙匡胤所建立的宋朝，其歷史意義不只是重新恢復統一的中央政權，更重要、更關鍵、也更深刻長遠的，是趙匡胤十分清楚在統治上要面對的根本問題——必須徹底中止連綿超過百年的武人治國局面，才能阻止武人爭鬥帶來的亂象，進而修復被傷害、破壞的社會紐帶。不從根本上如此處理，絕對不可能有長治久安的朝廷。

趙匡胤自覺地要結束這段空前的分裂與混亂，他留下了有名的「杯酒釋兵權」故事。這故事真正的意義不在趙匡胤的手腕，我們應該看到、應該問的是，就算這些將領為了保全生命而在酒

宴中同意交出兵權，為什麼他們如此容易就真的答應離開原本的軍事權力位置？這不是趙匡胤的手腕所能做到的，更不是他的權謀所能解釋的。替趙匡胤「杯酒釋兵權」大戲鋪設好舞臺的，是長久下來愈來愈難維持的武力結構，就連在其中握有兵權的人都對這樣的生活感到不安，也都不相信這樣的地位可以平穩維繫。他們很願意信任趙匡胤用兵權來交換安穩舒適的生活，遠離這種環境。

宋朝的重要政策都是對反五代的。宋代「重文輕武」的政策，明顯是對五代亂象一種「矯枉必過正」心態下的產物。從晚唐到五代，文人的地位與作用降到了歷史上的最低點。中央朝廷及其官僚體系，也包括相關的法律規範，都成了具文，失去了實質作用，而構成官僚體系的文人當然也就無從發揮了。科舉仍然行禮如儀地考出進士，但這些進士現在能做什麼呢？

馮延巳成為五代時文人的代表，傳統上背負了幾百年的罵名。[3]而他所代表的，正是文人失去政治功能後的遭遇。在武力至上的環境中，統治者並不需要文人，文人只能扮演浮面的角色。文人不重要到帝王甚至不在意他們是否忠誠。文人做的就是一些表面的文辭，不在政府的管理結構中，甚至政府管理結構也都瓦解了，剩下的只有因應各地狀況的非系統性作為。

趙匡胤最重要的歷史貢獻之一，就在於抬高文人的地位，不只是回復到武人治國前，甚且比唐朝原來的狀況更高。從宋太祖到宋太宗，他們確立了「與士共治天下」的政治意識形態，將相當大的一部分權力讓渡出來和士人共享，所以才會有近世文人文化的復興與突破。

在復興的文人文化中，家族倫常如此重要。在後世被大為嘲諷、攻擊的思想，例如認真討論嫂嫂落水小叔應不應該伸手去救？例如「餓死事小，失節事大」的主張，其實都是對應五代的昏亂荒淫而來的。就連南北朝外族大舉入侵時，中國社會的價值核心都不曾遭到如此嚴重的威脅與破壞，刺激了宋代這些重新取得影響力的士人，必須念茲在茲地強調倫常約束，將這樣的想法推到極端。

從這樣的角度，我們一方面看到五代和唐朝藩鎮間的緊密聯繫，另一方面也可以藉由五代的狀況，來理解宋朝的政治與思想風氣來源。

3 例如陸游《南唐書．馮延巳傳》載：「延巳負其材藝，狎侮朝士，嘗誚孫忌曰：『君有何解而為丞郎？』忌憤然答曰：『僕山東書生，鴻筆藻麗，十生不及君；詼諧歌酒，百生不及君；諂媚險詐，累劫不及君。……』……給事中常夢錫屢言延巳小人，不可使在王左右。」馬令《南唐書．黨與傳下》載：「復與其弟延魯交結魏岑、陳覺、查文徽，侵損時政，時人謂之『五鬼』。」

第二講

近世史概念的由來

01 內藤湖南的〈唐宋時代概觀〉

日本史學家內藤虎次郎，號湖南，生於一八六六年，在明治維新時期自學起家，後來從家鄉來到東京，在雜誌社當記者，開始對中國歷史產生極大的興趣，蒐羅了能找到的各種書籍，一邊工作一邊進行研究，四十歲左右成為日本知名的「東洋史」專家。「東洋學」、「東洋史」是傳統上日本對中國知識學問的總稱。內藤湖南對中國史所下的工夫既深厚又廣博，為他博得了「四庫全書化身」的稱號。

他不只讀了很多中國書，還曾多次到中國訪問，會見了包括羅振玉在內的當代中國學者，很多人都對他留下深刻印象。因為缺乏正式學歷，內藤湖南直到四十一歲才進入京都大學擔任東洋史教授，在此後的二十多年間，他成功地塑建了影響力極大的新興「京都學派」，與原本占據主流的「東京學派」分庭抗禮。

日本歷史上自從德川幕府掌權後，就出現了關東與關西的對峙。京都是關西的中心，是傳統帝都，天皇所在之處；相對地，東京在當時稱為江戶，是德川家的勢力基礎，也是政治實權的位置。現代化過程中，又有東京帝大和京都帝大先後成立，兩所大學之間也就繼承了原有的東西對峙氣氛，在許多學門上都有立場極為不同的「東京學派」和「京都學派」，彼此激烈競爭，甚至互相敵視。

京都學派興起之前，東洋史學者如白鳥庫吉、那珂通世等人，以一種保守、傳統的態度接受中國的國學知識，講究像中國人一樣閱讀、累積中國學問，視之為「正統」。位於首都，同時擔負著培育帝國菁英官僚分子的責任，東京大學理所當然追求正統；而對應東大的正統，京都大學往往就自覺地選擇扮演挑戰正統、批判正統，在正統之外另闢道路的角色。

內藤湖南就成功地在東洋史領域找出了新的研究道路。一九二二年他發表了一篇文章，標題是「唐宋時代概觀」，文章不長，總共不過五千五百字左右，卻引發了極大的反響。

這篇文章的主要論點，指出了中國歷史在由唐到宋的這段時期發生了巨大的變化。第一個大變化是貴族制度的崩潰。從晉到唐，皇帝必須得到貴族的支持才能掌握政權。貴族占據中央位置，一頭控制人民，一頭牽制皇帝，唯有透過貴族，皇帝才能有效行使統治權。這段歷史時期中，沒有真正的平民，大部分的人都沒有人身自由，必須依附在貴族擁有的土地上，其生產與生息都仰賴貴族。皇帝也無法直接統治這樣的人民，他實際上能做的是和貴族協商，作為貴族的共主，由貴族統領人民。

唐朝廷相當程度上有效壓制了貴族，但真正的效果是使得皇帝成為最大的貴族地主，也就是說，朝廷統治人民的方式仍然維持著高度的貴族制特性。人民依舊依附在土地上，沒有生產與人身的自由，是佃農式的存在。

從唐到宋，最大的變化就是貴族由沒落而消失。皇帝及其朝廷官僚直接統治人民。一端當然是皇帝權力變大了，沒有貴族的牽制，出現了宋代以降的皇帝獨裁現象，皇帝能決定的事愈來愈多，他的主觀與任意意志愈來愈重要。不過在另一端，卻也因為沒有貴族的協助，皇帝及其朝廷對於廣大土地上人民的控制力相對減弱了，使得人民也能得到比較多的自由。

內藤湖南在文章裡特別標示出，由唐到宋，中國出現了大量的「自由民」，社會轉化為由「自由民」所組構的新情況。人民可以擁有土地，小農加上小地主成為經濟與社會的骨幹。

02 自由民崛起，帶動知識活潑、貨幣活躍

另一個重大變化是，社會的上下流動在宋代變得活潑多了。這主要是由科舉所啟動形成的，也和自由民的自由密切關聯。宋代之後，一個貧農之子不必然預期自己會一直停留在這個位置上。科舉之路是對他開放的，沒有任何外在力量會因為他的出身而必然阻止他藉由讀書考試來提升己身與家庭的地位。

雖然科舉是從唐代延續下來，但到了宋代，其內在基本性質與精神卻大為改變。唐代考「明經」，視經學為一套固定的內容，每一字、每一句、每一段都有固定的意義，考試時就是將那固

定的意義背下來、寫出來。然而到了宋代，經書的內容成為知識的基礎，讓個人予以理解，進行詮釋。在唐朝，知識是主，讀書考試的人是被動的客；在宋朝，人們重新取得了對應知識發展出詮釋與想法的主動權。如此一來，知識趨向於活潑，給其他面向都帶來衝擊。

內藤湖南特別以詩和詞為例。唐代流行的是近體詩，絕句和律詩都有很嚴格的規律，要押韻、要對仗，管聲音也管意義，管形式也管內容。詞卻是來自民間，具備了高度的歌唱性。從詩到詞，意味著文學品味的寬鬆自由化，建立了朝向一般人民可以接受、可以欣賞的新標準。這也是和自由民出現呼應、並行的現象。

音樂方面也有類似的變化。唐之前重視的是「樂」，由樂器所演奏出來的聲音；到宋代之後，焦點轉移為「歌舞」，是人聲所唱出來的、人體所展現的聲音動作。前者需要較多的訓練培養，後者則是一般人就能領略、甚至參與的熱鬧形式。

在繪畫上，原先的金碧山水風格沒落了，取而代之的是白描水墨畫。之前具備細緻顏色鋪設的畫，在技巧訓練上比較費事；相對地，水墨就既便宜又方便得多了。內藤湖南認為這也是因應平民崛起而產生的變化。

自由民崛起的背後，是唐宋經濟的歷史轉型。宋代出現了更活躍的貨幣交易，關鍵就在貨幣擺脫了以貴重金屬為材料的限制，有了建立在信用基礎上的代替形式。最主要的突破當然是紙鈔的運用與流傳。貨幣發達，交易擴張，經濟活動也就愈加頻繁，循環刺激了貨幣進一步的廣泛流通，為自由民開放了許多過去不存在的行業機會。

新興行業之一是金融業，牽涉到貨幣價值的儲存與移動。貨幣刺激之下，使得商業貿易範圍擴大，也就創造出對於運輸業的需求。隋唐時建立了一套水路交通基礎網絡，原本是為了帝國整合統治之需，應付運糧、平亂局面；而宋代以降，交通網絡就發揮了促進商業貿易的作用，培植了前所未見的運輸業規模。運輸發達又帶來中繼轉運點的建設，因而催生出許多新的城鎮。這種明顯依附於商品運輸而產生的商業城鎮，或是運輸中樞式的城鎮，是唐代所未見的，卻在宋代以後如雨後春筍在中國大地上冒湧出來。

03 上古、中古、近世，有方向性的斷代說

這樣一篇簡明扼要的短文，提出了不同的中國史斷代觀點。從中國有信史到漢朝末年是「上古」，然後從漢末到西晉是第一過渡期。過渡期結束後進入「中古」，那就是從東晉延續到唐末。然後又有第二過渡期，就是一般所稱的五代。五代之後則進入了「近世」。雖然很簡短，文章中最大的貢獻就在於點出了從「中古」到「近世」的時代根本變化，啟發了後來的學生與追隨者沿著他提示的方向不斷發展。

「上古」、「中古」、「近世」這樣的斷代大架構，豈不就是西洋歷史中早已成形的 Ancient—Medieval—Modern 的套用嗎？如果是照搬西洋歷史的斷代觀念，那有什麼了不起的？內藤湖南建構的「上古」、「中古」、「近世」斷代，還有一個重要的背景，那就是西方研究中國的專業學問——「漢學」，到這個時候基本上是不研究中國歷史的。

根深柢固的偏見來自十九世紀歐洲歷史哲學最大的權威——黑格爾（Georg Wilhelm Friedrich Hegel, 1770-1831）。黑格爾講述「世界精神」時就特別突出「東方」來作為對比，東方看不到世界精神的開展，不像歐洲的變化，東方是長期停滯的狀態。換言之，東方沒有黑格爾歷史哲學意涵中的「歷史」。

漢學家接觸了中國傳統歷史後，加強了黑格爾理論所做的區分。中國人說的歷史，就是羅列出一個又一個朝代，而每一個朝代看起來都一樣。也就是說，歷史不是有方向、朝著一個方向變化前進的，而是反覆循環的一直繞圈圈，繞了一圈再繞一圈。

那要如何研究中國歷史？研究中國歷史有何意義？於是長期以來，「漢學」基本上是以一種「非歷史」、甚至「反歷史」的態度在對待相關中國知識的。放入這個背景中，我們就能理解，內藤湖南的斷代觀念其實是很激進的，既不同於中國的傳統觀念，也不同於西方的漢學觀念。

中國不是停滯的，中國不只有歷史，而且中國有和西洋同樣的那種歷史。運用在劃分西洋歷史的架構，也能適用在中國歷史上。中國也有具備方向性的發展與變化。例如，他之所以將「上古」劃分到漢末為止，理由是這段時期中國文明的力量持續擴張。從黃土高原渭水流域的一小塊地方開始，中國的勢力藉由武力、更藉由文化影響，一直不斷地向外延展。這樣的發展方向，到漢末就中止、進而逆轉，變成外面的胡族勢力入侵中國，「以夷變夏」，中國在相當程度上被胡化了。

而「中古」時代也有明確的歷史個性。由於外族入侵的衝擊，為了自保，在中國文明區域發展出貴族社會，在貴族社會上形成了特殊的皇帝貴族制、貴族國家制。直到唐中葉貴族社會沒落，經過五代的混亂過渡，到宋代建立，貴族制消失了，平民社會取而代之。

據此，內藤湖南挑戰了西方漢學認為中國沒有歷史的看法。另一方面，內藤湖南也挑戰了日本舊有的中國學權威，如那珂通世、白鳥庫吉等人因襲中國傳統而來的朝代循環觀——中國歷史就是由一個個朝代遞換所組成的。中國有「正史」，每一個朝代留下了一部紀傳體記錄，傳統上認為正史加在一起就是完整的歷史。而正史除了極少數的例外，都是以朝代為單位的，一個朝代寫一部正史，朝代就是理所當然的一個獨立單位。然而內藤湖南的「上古」、「中古」、「近世」都包括了好幾個朝代，朝代不再是那麼重要、那麼根本的單位。

04 歷史的內在證據 呼應「唐宋變革論」

內藤湖南特別凸顯唐宋之間的差異，另外還挑戰了中國傳統歷史觀裡的「夷夏之防」。強調「夷夏之防」，就是要分辨漢人及非漢人的朝代差異。南北朝為什麼以南朝為正統？從夷夏之防的眼光看去，就因為北方的北魏、北齊、北周都是胡人建立的朝代，那是外族入侵產生的結果。同樣從這種眼光看去，歷史的斷裂應該發生在宋元之間，漢人的朝代滅亡了，建立起蒙古人的政權。從元朝到明朝，從明朝到清朝，依照同樣的標準，也都是大變化，由胡而漢，又由漢而胡。

然而內藤湖南竟然將這四個朝代併在一起，當作一個歷史時期，意味著宋元之間、元明之間、明清之間的變化幅度，都比不上唐宋之間。如此不只強調了宋朝和唐朝的巨大差異，還在觀念上建構了宋朝與元朝的連續性。表面上天翻地覆的宋元政權更替，在經濟、社會乃至文化上，有什麼更底層、更牢實的相似相續嗎？這是一個巨大的史學論題。

內藤湖南提出的「唐宋變革論」，從不同方向得到了呼應佐證。例如在《不一樣的中國史》第六冊提過陳寅恪的經典史著《隋唐制度淵源略論稿》，確證了唐朝的制度是從北朝一脈相承而來的，唐朝的政治社會體制和之前的南北朝時代其實並沒有那麼大的差異，絕對不是斷裂的。如此呼應了內藤湖南的「中古」斷代單位觀念。

又例如，錢鍾書編了《宋詩選注》，特別指出宋詩之於唐詩並不是如一般認為的那樣同質繼承。如果用唐詩的標準看宋詩，是看不懂的，或者說是無法準確欣賞的。他點出，在表面上看起來同樣的「詩」這個文類上，唐宋之間其實是不連續的，也就是不能忽略「唐宋變異」。

再例如，錢穆講中國文化史，總是以「輝煌燦爛」形容宋代以降的文化藝術成就。他也清楚意識到，宋代以後的文化發展和唐代以前很不一樣。不論是思想、文學、繪畫、戲劇乃至園林建築，宋代之後出現了唐代之前絕對無法想像、絕對不可能存在的一些突破性質。

也就是說，唐宋之間的歷史劃分，不是內藤湖南一個人看出來、一個人提出的主張。如果不是歷史的內在具備這些證據，進入這個歷史比較論題中的其他人也都能感受到的話，光靠他一個人的力量，不可能在後來產生那麼大的影響力。

第二次世界大戰結束後，內藤湖南的論點經過宮崎市定等弟子的繼承研究，發展得更精確、更完整，繼而被翻譯為英文，傳入了西方漢學界。於是在一九五〇年代，就出現了熱鬧的「內藤論點」（Naito Thesis）或「內藤假說」（Naito Hypothesis）的討論。長期下來，這樣的斷代架構理論，也逐漸成為西方在中國歷史研究領域的常識。

05 科舉在宋代，階層流動的高度可能性

講通史，我基本上也是沿用內藤湖南的架構，將宋代以降到清代中葉，也就是鴉片戰爭前，視為「近世」；鴉片戰爭之後，中國被迫面對西方排山倒海而來的衝擊，是為「近代」或「現代」。

從內藤提出他的看法開始，幾十年間，近世史觀念有助於史學家認真看到了原有的貴族制社會如何徹底瓦解；相應地，一個具備階層上下流動高度可能性的自由民社會興起。

何炳棣先生曾經大量蒐集整理近世的會館、方志、族譜等史料，建構出科舉對於這段時期社會流動的影響圖像。藉由量化的調查，何炳棣對比了科舉制度不同的作用。雖然科舉創設於隋唐，然而在中古的社會架構下，科舉對「改變身分」這件事的作用沒有那麼大。科舉一定程度上打破了「世族」和「寒門」在朝廷任官方面原有的壁壘，卻沒有像宋代以後，可以讓各式各樣不同背景的人得以透過科舉取得士人身分，將自己的家庭改造為士人階級成員。

士人身分和科舉密切關聯，因而如果不能持續從科舉中獲取功名，原本的官吏、文人、士紳家庭也就會衰落下來。科舉不只改變了中國的社會流動，還造成了中國各地方在近世的變化。

北宋時曾有過一場大爭議，牽涉到兩位大人物，一邊是歐陽修，另一邊是司馬光。爭議之起

是因為科舉一直有各地方的配額，維持各地人才數量的均衡。歐陽修提議要廢除配額制，認為既然是以考試取才，就應該誰考得好、誰在考試上表現出較高的才能就錄取誰，追求真正的公平。但司馬光堅持要「分路取士」，不同的「路」應該有各自的名額，保障各路都有一定數量的人可以考上。

這時已經開始出現南北不均的狀況，後來會愈來愈嚴重。歐陽修感到有問題的是，北方考取的人在程度上明顯低於南方，在南方絕對考不取的人，換成在北方考就考上了。一個人怎麼可能在南方不算是人才，光是換個地方就升等成為人才？可是司馬光在意的卻是，如果沒有配額保護，很快地朝廷上北方人大概就要絕跡了，都只剩南方人。然而都由南方人來思考、安排政策，可以嗎？

爭議的結果是司馬光贏了，不只是因為他擁有較佳的政治關係與較大的政治勢力，更因為一些在考試表現上弱勢的地方，無論如何丟不起原本分配到的名額，當然要全力動員，阻擋歐陽修的改革提議。

06 近世社會高識字率的三重意義

唐代科舉的重要性基本上落在政治權力的分配上，牽涉到什麼出身的人用什麼方式進入朝廷，分配到什麼樣的位子。近世之後，科舉擴大為主宰社會流動、決定地方平衡的巨大力量。因而光是考試或評分的技術有點不一樣，就可以產生極大的作用。

宋代開始將考卷「糊名」，讓改卷子的考官看不到考生的名字，所以才會出現歐陽修批到蘇軾的卷子，看那文理與文氣，以為應該是出於自己的學生曾鞏之筆，為了避嫌，故意不把他覺得寫得最好的這份卷子評為第一。

此外，宋真宗大中祥符八年設置了謄錄院，那就不只要「封卷」、「糊名」，還要將考生的答卷統一抄寫過，杜絕考官透過字跡辨認考生身分的門路。作為考官，如果在這些防弊手段上出問題，那是嚴重到可以殺頭的大罪。為什麼嚴格到這種程度？因為社會投注了巨大的資源在科舉上，科舉的結果不只必然改變一個人的命運，甚至會戲劇性地造成一整個家族的崛起或沒落。

科舉帶來的變化，也包括中國近世社會識字率大幅提高。而且不只是更多人認得字，最特別的是認識字的人通常都認得很多字。也就是識字的主要動機不是出於取得日常生活上的方便，而是要讓子弟去參加考試，求取功名。如果單純為了便利，那麼識字到能算數、能看懂路招、看懂官府公告就夠了。可是中文非表音的特性，使得識字的門檻相對較高，只是要會算數、看路招公告，還真不值得耗費這麼大的工夫和金錢。但因為有科舉的存在，提供了高度的誘惑動機。

近世社會的高識字率有三重意義。第一，從人口比例上看，有較高比例的人識字能閱讀。第二，識字的人分布廣泛，並非集中在少數特定的地區。第三，識字的平均程度比較高。受到科舉影響，要讓小孩受教育、學識字，就不會只期待他們認得幾個字就好。認得幾個字不足以到達能參加科考的程度，那就和不識字沒太大差別。這時候的識字門檻特別高，讀完《千字文》，認得千把個字，能夠讀經書，這才叫做識字。絕大部分識字的人都進過學堂，受過參加科考的基本訓練，這是近世社會的特殊現象，中古之前沒有的。

因應科舉而形成的普遍識字率，也就衝擊了社會的組構。考科舉的目標是要進入國家官僚體系中取得任官資格，然而一般承平時代，人口的增加速率一定會高於官僚員額，於是近世的發展是，識字進學的人愈來愈多，但能夠考上科舉的人比例相對愈來愈低。

這是個大問題。識字為了進學，進學為了考試，考試為了能夠考上而擺脫原有的社會地位，這是一貫的思路。很少人識字只是為了生活功能，一旦識字進學了，就不會停留在看懂路招公告的階段，而會花更多時間投身在考途上。於是像在明朝，大部分時間整個國家維持有三十萬以上的貢生，而每年真正能考取且進入朝廷體系的，平均只有幾百人。很多人一輩子怎麼考、怎麼等，都等不到金榜題名的那一天。

由此產生了近世史的另一個動向，那就是很多人「棄儒入賈」，不得不認清自己沒有機會藉著科考做官，就轉而去做生意。科舉的高誘因一直在，一直有更多人擠入進學的團體裡，可是念書考試的出路愈來愈窄，總有一部分的人無法一直等下去，必須離開這個擁擠的待業集團。

讀過書、準備過考試的人進入商業領域，也使得貿易買賣產生了量變到質變的影響。首先，商人的地位因此提高了，他們和士人之間的差距明顯拉近了，很多商人是從士人脫化轉型而來，士人當然不會用以前的態度歧視商人、貶抑商人。

其次，這些讀過書的人大量進入商業領域，帶入了高度的自覺。近世社會的商業貿易有了愈來愈清楚、甚至愈來愈嚴格的規矩。要考試，一定得讀聖賢書，一定背過不少義利之辨的道理，等到他們轉行做買賣，也就生出一種折衷調和的觀念，去思考如何「取利以義」，不能只管追求利益，不能不擇手段，必須用對的方法來取得利益。如此浮現出一種具備特殊內涵的商人意識與商人文化，這也是中古之前看不到的。

07 棄儒入賈的自由民，城市性格的戲文小說

許多人「棄儒入賈」，必然使得商業活動在近世時期更加蓬勃。商業活動不再是本能地利用

既有的社會機制來進行交易、攫取利益而已。這些受過教育，過去曾經準備考試的人，在商業中投注了更多的腦力與知識資源。中國近世的商業發展與變化，因而成為歷史學上方興未艾的重要研究課題。

回頭看，內藤湖南在一九二二年文章中所凸顯的「自由民」，其身分與性質值得更進一步地追究、梳理。這些自由民的品味為什麼會引導文學、藝術的改變？因為所謂「自由民」的主要組成分子，就是這些棄儒入商的人，他們受過教育，但原本的教育目標失落了。他們仍然擁有能力，但失去了運用能力的方向，於是轉而形成了一股特殊的消費力量。這股力量是刺激近世文化繁盛的關鍵因素。

內藤湖南當時是以詩到詞當作文學品味轉變的例證。現在我們知道，還有更貼切、更明確的重點，那就是「戲文小說」的出現，進而成為中國近世文化中相當重要的一項文類。戲文小說是雜混的，有來自說書的，有來自戲曲的，還有文人手中的各式各樣改寫。

戲文小說將原本語言的、表演的內容，轉化為文字。那些悲歡離合的故事，原本為什麼採用語言、表演的形式？就是為了讓不識字、沒有閱讀能力的人也能欣賞。這樣的內容轉化為文字，意味著出現了一批能閱讀、且願意將閱讀能力花在看這些故事的讀者。也就是本來為了進學考試而識字，卻又離開了考試道路，不再只是讀聖賢書的這群人。

戲文小說高度依賴城市生活，裡面所描寫的大部分都是城市背景中發生的事，而且其銷售對象也明顯集中在城市。缺少了城市生活的聚居形式，進而產生娛樂消費中心，就無從崛起戲文小說。到了明朝，這些小說從內容到表現手法，都清楚反映了這些棄儒從賈、受過教育、又在城市中受到商業活動浸染的自由民，他們的生活、他們的想像、他們的思想，以及他們的世界觀與價值觀。

民國時期以北京大學為中心，因應白話文運動，曾經興起過一段蒐羅傳統白話文學史料的熱潮。蒐羅的成果中，有一項特色在當時並未特別引起注意，然而現在放入近世史的認知理解中，顯得格外有意思。那就是蒐集到最多白話小說版本的兩個地方，一是山西，另一是安徽。這不正好對應上了最活躍、最有名的「晉商」和「徽商」嗎？顯然這些戲文小說主要的閱讀訴求對象，確實是近世社會的商人階層。

清朝錢大昕寫過一篇極為悲憤的文章，[4] 痛斥小說之為害，並主張應該將小說燒盡，還應該將刻印小說的人抓來入獄。使得他那麼激動的其中一個理由，在文章中特別點出的，就是小說的閱讀圈包括士農工商，不分行業了。顯見近世時期小說的影響範圍持續擴大，隨著自由民的發展而愈來愈流行。

4 錢大昕《潛研堂文集．正俗》中說：「古有儒、釋、道三教，自明以來，又多一教，曰小說。小說演義之書，未嘗自以為教也，而士大夫、農、工、商、賈無不習聞之，……釋、道猶勸人以善，小說專導人以惡。」

08 通俗文化對菁英文化的滲透

在中國近世史的研究討論上，有一個重要的主題，那就是菁英文化與通俗文化之間的關係。這也是近世之前不會有、或說不那麼重要的主題。原因是近世之前中國的通俗文化並不發達，當然有庶民生活，也有依隨庶民生活而來的小傳統文化，但這樣的庶民文化沒有強大明確的表現形式，難以和菁英文化互動，更談不上影響或威脅菁英文化。也因為如此，小傳統和通俗文化很難在菁英文化主導的歷史記錄中留下痕跡，我們無從認識，也就更無從討論了。

但是到近世時期就不同了。錢大昕的悲憤就是來自對通俗文化威脅到菁英文化的危機感。讓他特別憂心的是，就連「士大夫」也都在讀小說。在他看來不入流、甚至有害的通俗文化，竟然滲透進應該繼承、代表菁英文化的讀書人裡，讓他覺得格外難以忍受。

仔細整理史料就會發現，近世史中菁英文化和通俗文化的互動極為密切。兩種文化、兩個領域仍然存在著清楚的界限，心理上大家都明白那條線畫在哪裡。士人非常清楚在自己的文集中該收入什麼樣的文章，不能收什麼樣的文章；但這不代表他們就不看不該收、不能收的文章，甚至不代表他們不寫那種不該收、不能收的文章。顯然他們很多人都看、都寫，才會引得錢大昕如此氣急敗壞。

最醒目的例證，是明代出現的經典小說《金瓶梅》。《金瓶梅》雖然套用了一個傳統說書的框架，從既有的《水滸傳》中挪用了武松、潘金蓮的故事作為起頭，但其中絕大部分的內容卻不可能是在書場產生的。不只是涉及淫穢的露骨描述無法對公眾宣講，小說中更多的家戶生活細節也不符合說書需要的戲劇性質。《金瓶梅》確定有一位作者，是有意識的創作。

但是關於這位作者，我們只握有一個「蘭陵笑笑生」的筆名，以及許許多多不確定的考證與推測。也許是馮夢龍也許不是，也許是王世貞也許不是。唯一能確定的是，作者不願留下名字，因為他認為這本屬於通俗文化的小說，不應該和他從事菁英文化，隸屬於士人文化圈時大家可以辨認他、談論他的名字牽連在一起。這中間應該有個區隔，這邊和那邊不能混淆。也就是說，當他要編文集時，不會把《金瓶梅》裡的文字收錄進去；等他去世了，朋友或後人要替他寫「行狀」，為他寫「墓誌銘」，他也不要人家提到《金瓶梅》。

換個方向看，重要的是儘管抱持著這種高下區分，這位作者還是花了很多時間、費了很大力氣寫出了《金瓶梅》。顯見士人和通俗文化間有著密切互動。這個時期刻印《金瓶梅》的書商，也替士人刻印在菁英圈流傳的詩文集，也會刻印《儒林外史》小說中多次出現的「選本」，也就是幫助人家準備考試的參考書。而編撰這些選本的，當然也是讀書人，累積過一些考試經驗，同時又不是官場中人，進入官場就不會靠選文賺錢了。所以編選本的，多半也是科舉的邊緣人，和刻印書商共同扮演了菁英文化和通俗文化間的橋梁。

在這樣的文化互動條件下，刺激出近世中國比以前遠為活潑的文化創造力。這個時期的文化不是來自極少數人的創造，而是在相對複雜多元的場域中，迸發著許多不可預期因素、不可規範變化而產生的。

09 貴族消失，士商融合的地方仕紳形成

中古時期的貴族，到近世時期消失了。皇帝直接統治人民，而不是皇帝管轄貴族，由貴族統治人民，或者像唐朝後期，由藩鎮統治人民，朝廷只能牽制約束藩鎮。近世的政治架構中，居於中間的轉而是帝國官僚體制。不過這個官僚體制具備高度的流動性，而且是雙重流動性：官僚身分隨著科舉考試而流動，不會固著在同樣的家族；此外，官吏按規定不會在自己的家鄉當官，在任何一個地方通常也不會待很久。

隨著時間推移，平行於帝國的正式官僚體系外，產生了地方性的菁英階層。有別於高度流動，上上下下、來來去去的官僚，這種地方仕紳不是東漢累世經學的世家，也不是中古的門第貴族，他們具備了特殊的士商階層融合特性。

近世時期科舉普及，更多人投身科舉，考試命中率卻不斷下降，單純從比例上看，一個家族

要連續兩三代都出科考中試的子弟以維持官宦地位，可說非常困難。這是社會階層上下流動的主要因素。不過在現實上，近世社會的階層流動和科舉命中率的關聯並沒有那麼直接、那麼密切。意思是說，實際的流動狀況沒有那麼快，不是所有的家族都真正「富貴不過三代」；另外有一股力量壓低了社會流動，維持了部分的家族可以富貴超過三代。

這股力量就是地方仕紳的形成。值得注意的是，首先，仕紳的延續性富貴基本上侷限在地方。他們活躍並能夠發揮影響力的地區不會太大，也不太容易擴張活躍和影響的區域。再者，他們和官僚衙門有著明確的主從關係，絕對不會挑戰官僚的權力，而是自覺地採取協助行政管理的角色。這樣的特性，使得近世的仕紳和中古的貴族有著本質上的差異。

仕紳之所以能夠抗拒上下流動，長期保有地區性的勢力，基本上必須依靠「士」、「商」兩種身分的互補性，以「商」的物質條件支持「士」在考試上成功的追求，以「士」能得到的地位保障「商」的活動不被歧視、不被邊緣化。

這種家族中的男孩，一般都會進學，然後觀察他們的潛力，從中間選出幾人專攻考試，其他人則帶著基本的識字讀書能力去做生意。萬一幾個考試的都沒有好的成績，有商業利益支撐著，家族不至於在一代之間就沉淪。爭取了時間等到下一代，看看能不能養出在考場成功、帶來功名地位的子弟。

這樣的家族不至於快速沒落，但也不會一下子膨脹起來。不只是這時的科舉制度徹底排除特權上下其手，誰都沒有把握能一直維持政治勢力，更重要的，維繫家族的經濟基礎來自商業利益，而社會上對於從商業得來的財富畢竟仍然抱持著貶抑的態度。這樣的家族不能放掉商業的這一部分，如果科舉考試一兩代不成功，家族就完蛋了；然而保持做生意的這一部分，那不管科考再怎麼成功，也都有負面力量將他們的地位往下拉。

於是形成了微妙的平衡。近世社會沒有中古時期的那種貴族，但也並不是如孫中山批評的那樣「一盤散沙」。仕紳居間協助，將社會綰合、連結在一起。中國最早的現代社會學家費孝通先生曾經用英文寫過一本專著，叫做"*China's Gentry*"（中國仕紳），他真正深入了解到要分析中國社會的構成與運作，地方仕紳是其中的一大關鍵。

10 從佛道的入世看近世的內向化

對於內藤湖南點出的唐宋變化，另一個重要的補充與開展，來自劉子健先生的研究。他整理兩宋史料，主張從北宋到南宋，中國文化經歷了「由外而內」的變化。他的論點可以擴大來看。沿著他的提示，我們可以清楚看出，唐代明顯是外向、外放的文化，到了宋代就轉而朝內向化，再到南宋就完成了強烈的內向性。

舉個例子，從中古到近世，佛教由一個出世的宗教，轉化為入世的宗教。唐朝之前，寺院和貴族莊園緊密相連。寺院的主要支持者是貴族，從貴族那裡獲得了金錢、人力、土地的捐贈。貴族相信佛教、支持佛教，就將一部分莊園土地捐給佛寺，連帶還有原本在土地上負責耕種生產的人，以及生產成果。所以一來寺院和貴族密切連結，二來寺院取得了大量的土地與人口，構成對朝廷的威脅。

然而宋代以降，貴族消失了，具有獨立經濟基礎的寺院也被朝廷收拾了，佛教必須尋找不同的方式才能存在下去。寺院制度的轉型過程中，八世紀時的百丈懷海是其中的關鍵人物。百丈懷海訂定了「普請法」，也就是中國本土的戒律，不再援用印度的戒規來管理中國的寺院。

「普請法」中最有名的一條就是「一日不作，一日不食」，將寺院的經濟基礎從托鉢化緣轉為自食其力。這份精神在新的禪宗系統中不斷發展，逐漸改變了佛教的根本追求——要求得彼岸的解脫，應該先盡到此岸的責任。對於人世此間的責任，不是要像印度佛教所教導的那樣，看開了、得到了智慧予以擺脫，反而強調解脫必須在世間求取。

由向外嚮往超越境界，轉成內在精神的修持，這是近世中國佛教的變化。類似的變化，也同樣出現在道教上。這段時期出現了「全真教」、「真大道教」，他們的共通之處在於：一、不依賴法術；二、提倡清貧，強調勞動。

全真教的教義中有一個觀念，叫做「打塵勞」，意思是藉由勞動而得到內心的安靜。要求得身心安頓，最好的方法是透過世間的勞動。道教在貴族制中也是強調要離世，到社會之外去修練更高的境界，但在近世的新環境中，就降低了超越解脫的重要性，轉而凸顯「即世」，也就是在這個既有的世間完成責任，並求取內心安定。

11 近世如何終結？外來衝擊抑或內部衝突

內藤湖南提出了「近世史」的斷代概念，接著又細密地討論了近世內部是不是應該再有分期？他的看法是，可將近世再分為「前期」——宋元，和後期——明清。這樣的前後期劃分，表示其間主要是程度的差異（difference in degree），而不是性質的差異（difference in kind）。

內藤湖南認為，即使歷經外族統治的元朝，中國社會的一些基本性質一直維持著。例如，雖然元朝一度中止了科舉，漢人不再能夠透過考試取得參政的權力與利益，然而一旦科舉恢復了，伴隨著科舉的文人文化、社會流動等現象，也就很快地原樣重來。也就是說，支持科舉的因素在這段時間中只是蟄伏潛藏著，並沒有被消滅。城市的發展、貨幣經濟的變化、商業的普及，以及文人擁有的強烈自我文化認同等等，這些在元朝並沒有中斷，甚至有些還獲得進一步加強。幾個陸運或海運的交通中心城市，在中國被納入元帝國之後大幅擴張。城市居民的休閒生活，在元代也因為傳統道德束縛的鬆脫而高度發展。

相較於近世前期，近世後期更趨完熟，意思是新出現的幾個領域都得到了充分發展。例如，文人文化及相應的文人意識到明末發展到了頂點，皇帝和朝廷力量對於城市中文人生活的介入降至最低。城市裡的商業運作也具備高度的自主性，在這方面朝廷從來不曾建立有效的管理制度，而且近世後期的社會自主性比近世前期更高。

所以到了清朝，朝廷不得不試圖收拾社會內部的衝突與矛盾，卻失敗了，導致近世的終結。近世的結束有兩種不同的看法，較為流行、較占上風的是「外來衝擊說」，也就是強調由於英國引領了西方帝國主義勢力進入中國，帶來決定性的破壞。另外一種看法則強調近世中國所累積的內部問題，最主要是社會的種種衝突遲遲無法得到解決。階級衝突、農商利益衝突、信仰衝突，清朝還多加了滿漢民族衝突，朝廷找不出方法來處理這些衝突，如此一來，已經深藏內憂的中國當然無力應對外患了。外力並不是使得中國社會瓦解的主因，毋寧只是惡化並凸顯了既有矛盾狀況的一股力量罷了。

這兩種主張各有重點，也各有其說服力。對於近世如何終結，提供了我們重要的參考視野。

第三講

北宋的建立與鞏固

01 周世宗壯志未酬，趙匡胤黃袍加身

後周世宗柴榮在西元九五九年去世，臨終前顧慮到即將接位的兒子（後周恭帝）只有七歲，於是做了一番重要的人事調動安排。其中對後世影響最大的，是將原本擔任殿前軍都指揮使的趙匡胤升為殿前軍都點檢。

周世宗是一位有野心的皇帝，即位之後不只致力於鞏固自身的王朝，還意欲對外擴張，懷抱著統一之志。為此他很認真地訓練軍隊，他自己掌握的部隊分成兩支，一支是侍衛親軍，另一支就是殿前軍。殿前軍比侍衛親軍人數更少，也更菁英。

依照制度，殿前軍都指揮使上面，還有一級副都點檢，但周世宗卻讓趙匡胤越過副都點檢這一級，直接跳上了都點檢的位置。《宋史》中記載，周世宗之所以在臨終前選擇趙匡胤接任都點檢，是因為之前的三件事：

第一件，世宗征淮南時，有一晚趙匡胤的父親率軍來到趙匡胤軍隊所駐紮的城下，要求入城，為了遵守軍令，趙匡胤要父親在城外等到第二天天明之後。第二件，也是征淮南時，有人向世宗告密，說趙匡胤帶軍隊進城後搜刮了很多財物。世宗於是派人突襲檢查，卻發現趙匡胤私人的箱中放的都是書，沒有什麼金銀財貨。第三件，在征南唐時，南唐以三千兩白銀賄賂帶兵的趙

匡胤，趙匡胤將這三千兩白銀全數繳給世宗的內府。

因為這三件事，世宗特別信任趙匡胤，臨終前將自己一手訓練的、最精良的部隊交給他帶領，也就是託孤，要他負責保護少主的意思。

然而恭帝剛即位，就傳來鎮州、定州告急的消息。司馬光《涑水記聞》記錄：

建隆元年正月辛丑朔，鎮、定奏契丹與北漢合勢南侵，太祖時為歸德軍節度使、殿前都點檢，受周恭帝詔，將宿衛諸軍禦之。癸卯，發師，宿陳橋，將士陰相與謀曰：「主上幼弱，未能親政。今我輩出死力為國家破賊，誰則知之？不若先立點檢為天子，然後北征，未晚也。」……

才剛開年，鎮、定二州就傳來契丹與北漢聯合南下侵襲的消息，宋太祖趙匡胤此時身兼歸德軍節度使和殿前都點檢的職位，接了新皇帝的詔令，帶著軍隊準備北上防禦抵抗。兩天之後，軍隊出發了，夜裡停駐在陳橋驛，底下的士兵互相討論計畫，說：「皇帝才七歲那麼小，不可能自己掌握權力。現在我們冒生命危險為國家抵抗敵人，就算建立了什麼功勞，有誰知道呢？」意思是，我們怎麼有把握付出的血汗能得到適當的獎賞呢？新政局不穩定的情況下，要如何讓我們賣命去打仗呢？「不如先擁立帶兵的都檢點當皇帝，我們自己立的皇帝，得以控制將來能得到的獎賞，再來出兵打仗比較有道理吧！」

五代為什麼朝代變換得那麼快？為什麼五代之外還有十國？一部分的原因就在於當時流行軍人擁立天子，這種情形愈來愈普遍，也愈來愈容易。光是為了盤算可以從打仗中得到什麼，就可以策畫自立新的天子。

甲辰，將士皆擐甲執兵仗，集於驛門，讙譟突入驛中。太祖尚未起，太宗時為內殿祇候供奉官都知，入白太祖，太祖驚起，出視之。諸將露刃羅立於庭，曰：「諸軍無主，願奉太尉為天子。」太祖未及答，或以黃袍加太祖之身，眾皆拜於庭下，大呼稱萬歲，聲聞數里。太祖固拒之，眾不聽，扶太祖上馬，擁逼南行。……

第二天早上，元月初四，計畫好、聯絡好的將官和士兵一起全副武裝集合在趙匡胤的營門口，趙匡胤都還沒起床，將士們就鼓譟著突然衝了進去。記得，是全副武裝在沒有通報、沒有得到同意下衝進去的，也就是帶著脅迫的意味。這時候太宗，也就是當時擔任內殿供奉官都知的趙光義，趕緊進去告訴哥哥，趙匡胤這時才匆忙起身，出來面對這突然的情況。

這群人中的代表甚至連刀都拔出來了，說：「我們的軍隊沒有真正的領導，希望支持你來當皇帝。」趙匡胤還來不及回應，他們就將事先準備好的黃袍，也就是只有皇帝能穿、代表皇帝身分的袍服披蓋在他身上，然後大家一起行拜皇帝的禮，大呼：「萬歲！」因為人很多，又齊聲高呼，幾里外都聽得見。趙匡胤堅持不肯，但他們不管，硬是將他扶上馬，簇擁著他往南走。軍隊本來是要去北方打契丹和北漢聯軍的，現在卻轉回頭往南，也就是朝向都城前進。

太祖度不能免，乃繫轡駐馬謂將士曰：「汝輩自貪富貴，強立我為天子，能從我命則可，不然，我不能為若主也。」眾皆下馬聽命，太祖曰：「主上及太后，我平日北面事之，公卿大臣，皆我比肩之人也，汝曹今日毋得輒加不逞。近世帝王初舉兵入京城，皆縱兵大掠，謂之夯市。汝曹今毋得夯市及犯府庫，事定之日當厚賚汝，不然，當誅汝。如此可乎？」眾皆曰：「諾。」乃整飭隊伍而行，入自仁和門，市里皆安堵，無所驚擾，不終日而帝業成焉。

趙匡胤看這個情勢，沒辦法了，不可能不當皇帝，就拉住馬停下腳步，對這些官兵說：「唉，你們為了自己貪圖功名獎賞，硬是把我架上天子的位子，那我有條件，你們必須答應，不然我不能當你們的皇帝。」大家都下馬來敬領趙匡胤的條件。

「首先，原來的皇帝、太后，還有其他大臣，你們不能加害他們。其次，近來的慣例，當皇帝的率兵打入京城，都讓軍隊隨意劫掠百姓，稱之為『夯市』。現在進了城，你們可不准夯市，也不能搶奪官方府庫，等到一切平定安穩了，我自然會給你們豐厚的賞賜。誰不遵從，我就殺誰。這樣可以嗎？」大家都說：「可以！」

於是整理好隊伍繼續前進，從仁和門進城，城裡沒有任何驚擾，人民生活照常，只花了一天不到的時間，趙匡胤就順利當上皇帝了。

02「吾兒素有大志，今果然矣！」

這就是流傳甚廣的「陳橋兵變，黃袍加身」故事，後世的種種說法，大致都是改編自司馬光的《涑水記聞》。《涑水記聞》是司馬光對於宋朝政治上種種傳言的筆記。有意思的是，關於趙匡胤當上皇帝這件事，《涑水記聞》不只記錄了「陳橋兵變，黃袍加身」，另外還有一段：

及將北征，京師間諠言：「出軍之日，當立點檢為天子。」富室或挈家逃匿於外州，獨宮中不之知。太祖聞之懼，密以告家人，曰：「外間洶洶若此，將如之何？」太祖姊或云即魏氏長公主，面如鐵色，方在廚，引麵杖逐太祖擊之，曰：「丈夫臨大事，可否當自決胸懷，乃來家間恐怖婦女何為耶！」太祖默然而出。

這條說法和上一條有微妙卻關鍵的出入。這裡說要出兵北征時，京城裡就已經有風聲，傳言部隊會擁立都點檢趙匡胤當天子。一定是言之鑿鑿，而且流傳甚廣，以至於京城裡的有錢人判斷要發生政治上的大動盪，就趕緊攜家帶眷，不只離開京城，還要遠遠逃躲到外州去，免得被動盪時局牽連傷害。整座城裡大家都知道了，就只有宮裡皇帝和他周圍的人不知道。

被人家講成這樣，趙匡胤很擔心，回家跟家人商量，問說：「唉，外面傳言滿天飛到這種程度，該怎麼辦呢？」這時候趙匡胤的大姊，也就是後來的魏氏長公主正在廚房裡忙著，幹嘛呢，忙著擀麵，聽到弟弟這樣的話，生氣鐵青著臉，直接舉起擀麵棍打趙匡胤，罵他：「男子漢遇到了大事，應該做些什麼，自己沒有盤算、沒法決定嗎？拿這種事到家裡嚇女人家算什麼！」趙匡胤被訓了，只好摸摸鼻子、自討沒趣出門。

哇，好精彩！原來趙家除了趙匡胤和趙光義之外，還有一位如此兇悍的大姊。如果依照這條記錄，那「陳橋兵變」怎麼會是一件突如其來、讓趙匡胤嚇一跳的事呢？他早就聽說了啊，甚至整個京城裡的人都預先知道要發生這件事了！

此外，南宋王稱的《東都事略．世家一》中，記錄了另一位趙家女性的反應：

> 及太祖為群情推戴，自陳橋還京師，人走報后，曰：「點檢已作天子。」后曰：「吾兒素有大志，今果然矣！」

陳橋兵變之後，黃袍加身的趙匡胤回師京城，有人去報知趙匡胤的母親杜太后說：「點檢當皇帝了！」你看杜太后如何反應？她很鎮定地說：「我兒子向來有大志，今天實現了！」母親並不驚訝，她早有心理準備了。

03《涑水記聞》等透露的陳橋兵變真相

基於歷史紀實信念，司馬光在筆記中不怎麼給開國皇帝顧面子。《涑水記聞》裡還有一條：

周恭帝之世，有右拾遺、直史館鄭起上宰相范質書，言太祖得眾心，不宜使典禁兵，質不聽。

後周恭帝在位時，有一位大臣寫了一封信給當時的宰相范質，提醒他趙匡胤很受底下的部將愛戴，不應該讓他掌管那麼重要的部隊，但是范質沒有接受鄭起的警告。恭帝在位前後不過半年左右，范質大概也來不及有什麼動作，就變天了。

蘇轍也留了一份筆記，叫做《龍川別志》，幫我們補上後來發生的事：

及世宗晏駕，北邊奏契丹入寇。太祖以兵出拒之，行至陳橋，軍變，既入城，……時早朝未退而聞亂。質下殿執溥手曰：「倉猝遣將，吾儕之罪也。」爪入溥手，幾血出。溥無語。既入見太祖，質曰：「先帝養太尉如子，今身未冷，奈何如此？」太宗性仁厚，流涕被面。

「陳橋兵變」一大早發生，後周朝廷上大臣早朝還沒結束就接到了消息。范質走下殿來，拉著另一位宰相王溥的手說：「我們錯了！怎麼會匆匆忙忙就派趙匡胤帶兵去呢？」說的時候心情激動，把王溥抓得太用力了，王溥的手幾乎被抓出血來。王溥沒有反應，說不出話來。等見到趙匡胤，范質就質問他：「先帝拿你當兒子般對待，他的屍身都尚未冷透，你怎麼做得出這樣的事？」聽到這話，在旁邊的趙光義一時忍不住淚流滿面。

所以朝廷裡其實早有人知道會發生這樣的事，范質得到了警告，卻還讓趙匡胤帶兵，才會產生如此強烈自責的反應。

《涑水記聞》裡還有一條：

> 太祖欲使符彥卿典兵，趙韓王屢諫，以謂彥卿名位已盛，不可復委以兵柄，上不聽。……韓王曰：「臣託以處分之語有未備者，復留之，惟陛下深思利害，勿為後悔。」上曰：「卿苦疑彥卿，何也？朕待彥卿至厚，彥卿能負朕邪？」韓王曰：「陛下何以能負周世宗？」上默然，遂中止。

這是趙匡胤當上皇帝之後的事，他要將軍隊交給符彥卿，但他身邊的重要謀臣趙普卻極力反對，理由是符彥卿名氣很大、地位也已經很高，不能夠再給他兵權，有名有位如果又有兵，那太危險了。趙匡胤不聽。趙普還是苦苦勸諫，讓趙匡胤很受不了，就問趙普：「你這樣堅持懷疑符彥卿到底是為什麼？我對符彥卿那麼好，他怎麼可能對不起我？」趙普的回應是：「那皇上你又怎麼對不起周世宗的呢？」

這真是擊中了趙匡胤的痛處，因為他不能否認自己對不起周世宗，明明就違背了周世宗託孤的遺志，從他的幼子手中搶奪了大位。不只如此，他也不能否認周世宗對他很好，像待兒子般對待他。他能對不起周世宗，怎麼能有自信符彥卿一定不會對不起他？趙匡胤說不出話來，顯然他被趙普說服了，從此再也不提讓符彥卿掌兵這件事。

這些資料清楚顯示了：「黃袍加身」之事，趙匡胤不是真的完全被動，他知道這項計畫，甚至可能還參與了計畫。原先之所以出兵，是為了抵禦契丹和北漢聯軍，但「陳橋兵變」後，軍隊調轉方向重回京城，那北方的安全怎麼辦？說也奇怪，趙匡胤當上皇帝，契丹和北漢竟然就退兵了，北方沒事了。這不是大有蹊蹺嗎？契丹和北漢會聯手南下就已經有點稀奇，甚且還沒有任何斬獲就又無故收兵？

再對照范質那麼激動的反應，我們有理由相信，他不只是後悔選錯了帶兵的指揮官，而且也意識到自己和王溥都被騙了。或許他們心中本來就有過懷疑，但終究選擇相信北方有戰事，也就勉強同意面對這麼大的威脅，必須由趙匡胤統兵去解決。

了。

04 擁立風盛，不得不為的「杯酒釋兵權」

其實這不能怪范質誤判，無能阻止軍隊擁立趙匡胤，到這個時候，擁立實在太常見、太普遍了。

從唐代開始，最早是士兵選擇擁立自己的節度使，抗拒朝廷的派任，或是反對朝廷的介入。到了唐末，很多藩鎮節度使獨立稱王、稱帝，這樣的風氣也就隨之升級到擁立天子了。自己也經歷、甚至利用了擁立方式的趙匡胤當然很明白，不同的是他身邊有像趙普這樣的人，甘冒大不韙地提醒他：你可以憑藉擁立成為天子，怎麼能夠輕忽，以為別人就不會用同樣的方式成為下一個天子？

如果要坐穩天子大位，要建立長遠的王朝，趙匡胤非得解決這個問題不可。還是在《涑水記聞》裡，後來傳鈔入南宋李燾的《續資治通鑑長編》，有這麼一段有名的記載：

> 時石守信、王審琦等皆上故人，各典禁衛。普數言於上，請授以他職，上不許。普乘間即言之，上曰：「彼等必不吾叛，卿何憂？」普曰：「臣亦不憂其叛也。然熟觀數人者，皆非統御才，恐不能制伏其下。苟不能制伏其下，則軍伍間萬一有作孽者，彼臨時亦不得自由

耳。」……（《續資治通鑑長編．太祖建隆二年》）

這又是趙匡胤和趙普的對話，主題和上一節引《涑水記聞》那一條其實是一樣的，只是針對的人不同，場景不同。這次針對的是石守信和王審琦等人，他們是皇帝的老朋友，所以被賦予統領禁衛軍的責任。趙普好幾次勸諫皇帝，應該將他們調離握有重要軍權的位子，皇帝不答應。但趙普也不放棄，逮到機會就說。趙匡胤以為趙普懷疑這兩人會擁兵自重、伺機叛亂，就對趙普說：「你到底在擔心什麼？他們再怎麼樣也不可能背叛我！」趙普就回答：「我也不擔心他們會反叛，我看這幾個人統御能力都很有限，但我擔心的是，如果他們不能有效管制底下的將士，萬一軍隊中出現另有用心的人，他們一時之間恐怕也身不由己啊！」

上悟，於是召守信等飲，酒酣，屏左右謂曰：「我非爾曹之力，不得至此。念爾曹之德，無有窮盡。然天子亦大艱難，殊不若為節度使之樂，吾終夕未嘗敢安枕而臥也。」守信等皆曰：「何故？」上曰：「是不難知矣。居此位者，誰不欲為之？」守信等皆頓首曰：「陛下何為出此言？今天命已定，誰敢復有異心！」上曰：「不然，汝曹雖無異心，其如麾下之人欲富貴者，一旦以黃袍加汝之身，汝雖欲不為，其可得乎？」

這下趙匡胤聽懂了。他怎麼可能不懂？那講的就是他自己的經歷嘛，當年誰想得到他會背叛周世宗呢？事實上他一直堅持沒有背叛周世宗，那他怎麼會當上皇帝的？不是他自己想要，是「黃袍加身」被逼的。那麼真的可以安心，確定這樣的事不會再度重演嗎？

所以趙匡胤就擺了宴席，找這幾個享有特權地位的老朋友相聚，喝到一定程度，將服侍的人都支開，表示要講體己話了。皇帝對老朋友發牢騷：「沒有你們幫忙（參與「黃袍加身」的行動吧），我不可能當上皇帝。想到你們，就覺得無盡的感激。但是，唉，當皇帝好難、好痛苦啊，還不如原本當節度使來得快樂。自從當了皇帝，晚上都沒能好好睡過一覺！」

老朋友們當然很驚訝，都問：「怎麼會這樣？」趙匡胤的回答有意思了，他先說：「你們怎麼可能不了解？這太容易知道了嘛！」然後簡單明瞭地解釋：「我這個位子誰不想要呢？」之所以睡不穩，是因為隨時得提防有人要搶奪皇帝大位啊！

這不得了，皇帝的意思是你們明明也會覬覦這個位子，幹嘛裝蒜？他們當然趕緊表示效忠，說：「現在已經不是我們拱你當皇帝的情況了，你就是皇帝，我們誰敢想別的呢？」但皇帝要聽的可不是這個，他模仿趙普跟他說的道理：「不不不，雖然你們沒有別的想法，但你們底下的人呢？如果他們貪圖榮華富貴，有一天拿黃袍套在你身上，你就算不想要，可能嗎？」

05 釋兵權的下一步：更戍制與將不專兵

傳統上都用「杯酒釋兵權」來總括描述這場宴席，然而仔細看接下來的這段話，考量當下情境，恐怕不是「杯酒」所能解釋的。聽了趙匡胤的話，在場的人：

皆頓首涕泣曰：「臣等愚不及此，惟陛下哀矜，指示可生之途。」上曰：「人生如白駒之過隙，所為好富貴者，不過欲多積金錢，厚自娛樂，使子孫無貧乏耳。爾曹何不釋去兵權，出守大藩，擇便好田宅市之，為子孫立永遠不可動之業，多置歌兒舞女，日飲酒相懽以終其天年。我且與爾曹約為婚姻，君臣之間，兩無猜疑，上下相安，不亦善乎！」皆拜謝曰：「陛下念臣等至此，所謂生死而肉骨也。」明日，皆稱疾請罷。

他們嚇得跪拜流淚，對皇帝說：「唉呀，我們太笨了，都沒有想到這些，希望陛下同情憐憫我們，指示我們一條活路。」如果皇帝只是擺酒席，他們哪需要當場嚇成這樣？顯然那個情境讓他們有理由相信，這是趙匡胤特別布置好的「鴻門宴」，表示自己為了要坐穩皇位，也為了能安心睡得好，不得不將具備同樣可能被部下「黃袍加身」的老朋友給除掉。他們意識到自己大概沒辦法活著走出這場酒局，只好痛哭求饒。

皇帝的回應是：「人活著不過那麼些年，貪圖榮華富貴要的是什麼？不就是多累積一點錢，自己愛怎麼花就可以怎麼花，而且保障子孫不會貧乏，不是嗎？如果追求富貴是這麼一回事，那你們現在就可以擁有富貴啊！別再領兵了，找個好地方做大官，買田買房子，替子孫奠定長久不會動搖的基業，自己的日子過得好一點，多找一些會唱歌跳舞的美女陪伴，每天歡樂喝酒度日。我還願意跟你們結為兒女親家，多了這層關係，君臣之間會更融洽。你們不用擔心我會對付你們，我也不用擔心你們或你們的部下會算計我，這樣不好嗎？」

還好皇帝沒有堅持當場下手殺人，留了一條活路。這幾個人當然表達了自己能夠死裡逃生的深切感激之意，簡直就像是讓死了的人復活過來，讓白骨重新長出肉來啊！確保了他們一定會交出兵權，趙匡胤才放他們離開。

這是北宋從建立到鞏固的一大關鍵。首先，「杯酒釋兵權」可絕對不是君臣間暢快地大喝一場，大家都懵了、茫了，痛哭交心，然後老朋友們就很有義氣、心甘情願地交出兵權。這是趙匡胤精心設計好的生死抉擇恐怖場景，威脅加利誘，一邊是未來榮華富貴的許諾，另一邊是當場血濺五步的暴行，讓他們來選。其次，趙匡胤不只要收回這些人的兵權，他還訂定了非常明確的國家政策，並且有效地付諸執行。

當上皇帝的人，誰不希望總攬兵權呢？但為什麼別人做不到的，趙匡胤卻成功了？因為他有特別的手腕，更重要的，因為這時社會上對於武人憑藉兵權干政、亂政，乃至對於武人當皇帝治國，已經累積了長期的不滿，極度難以忍受。從中晚唐以降，這種狀況層出不窮、每況愈下，給人民帶來很大的痛苦。

趙匡胤有足夠的遠見，也有足夠的決心，企圖整頓這個問題。他將兵權收回來後，整編了一支規模更大的禁衛軍，如此拉開了皇帝控有武力和地方軍閥兵力間的差距，有了足夠的籌碼一一收拾這些地方勢力，真正統一中國。

禁軍的規模成長到二十萬左右，他就恢復了「更戍制」，讓一半，即十萬的軍力留在京師，另一半派在外面，所有的禁軍進行輪調，經常變動駐戍的地點。這些軍隊本來都是禁軍，都從京師派出去，而且在一個地方不會待很久，也就不可能成為地方勢力。不只如此，在輪調中又建立了「將不專兵，兵不識將」的原則，一個地方的軍事將領，所帶的部隊會不斷更動，排除了將領將軍隊私有化的疑慮。

也就是說，「杯酒釋兵權」不只解除了這些人握有的兵權，同時達成了兵權集中在皇帝手中的效果。

06 用文人壓制武人，以皇權弱化相權

接著趙匡胤做了一件更重要的變革，那就是用文人壓制武人。

他在原本的「知州」之外，加設了一個特別的官職，叫做「通判」，同時兼管民事和軍事。而通判一定是由文人執掌，也就是刻意在地方上讓文人可以干預軍權。

再來，五代形成的士兵黥面慣例，本來是為了區別各家私兵，防止逃亡或投靠到其他陣營的作用。北宋統一後，軍隊都屬於皇帝、屬於朝廷，雖然沒有了私兵，卻故意保留了士兵黥面的做法。如此一來，黥面的意義就改變了，可以從外表上無可隱藏地顯現一個人的武人身分，而且是永久無法抹滅、無法改變的身分標記。

中國近世社會有一句流傳很廣的俗諺：「好男不當兵、好鐵不打釘。」不要選擇去當兵啊，因為當兵不是份工作，不是個職務，而是個身分，會有黥面的印記一直留著。不只擺脫不了，而且藏不起來，人人都看得到，都馬上能認出你是個當兵的。

北宋制度最清楚的傾向，就是讓皇帝與中央朝廷的權力籠罩在原本那些分散、各自擁有兵權的軍人頭上，讓文人壓在武人之上。例如改制「樞密院」，使其成為軍事中心，掌管所有的軍事事務，調度所有的軍隊。然而樞密院是「兩班上朝」的，文人一批，武人一批，區隔開身分，不

准武人混入文人的朝班中。身為武官，不管在外面指揮多龐大的部隊，到了京城、入了朝中、進了樞密院，你就是沒有資格和文官並列。文人和武人分開面見皇帝，皇帝對文人說的和對武人說的就不需要一致，可以制衡雙方。

收拾軍權、壓抑武人的同時，皇權和相權的關係也有了巨大的改變。近世政治體系中，皇帝的權力愈來愈大。唐朝官制分別「官」與「職」，「官」指的是你的品級，「職」是確切負責的職務。到了宋朝，「官」與「職」之外，又多加了一項「差遣」。你是什麼層級、是幾品，這是「官」；你的編制在哪個部或哪個州，這是「職」；而你真正做什麼樣的事，則是「差遣」。[5]

《宋史．職官志一》說：

> 宋承唐制，抑又甚焉。三師、三公不常置，宰相不專任三省長官，尚書、門下併列於外，又別置中書禁中，是為政事堂，與樞密對掌大政。天下財賦，內庭諸司，中外筦庫，悉隸三司。中書省但掌冊文、覆奏、考帳；門下省主乘輿八寶，朝會板位，流外考較，諸司附奏挾名而已。臺、省、寺、監，官無定員，無專職，悉皆出入分涖庶務。故三省、六曹、二十四司，類以他官主判，雖有正官，非別敕不治本司事，事之所寄，十亡二三。

在官制上，宋代繼承唐代，相較於皇權，將職官的地位壓得更低。職官中地位最高的「三師三公」——太師、太傅、太保、太尉、司徒、司空，經常空在那裡；理論上統領整個官僚體系的宰相，不再是專職，同時也就不會是由一個人擁有完整的宰相權責，而是分給幾個人兼著做。

臺、省、寺、監——御史臺、中書尚書門下三省、九寺、六監等幾個大的單位，沒有固定的員額，沒有一定的編缺，也沒有一定的職位，可以三十人，也可以一百人，說不定也可以三百人。為什麼會這樣？因為編在尚書省裡的人，做的不是尚書省的事，倒過來，做尚書省工作的，常常不是編缺在尚書省。真正的工作是「差遣」的，也就是依照需要派遣的。

就連主管「三省、六曹、二十四司」的人，職缺都在別的單位。少數有職缺在尚書省，官職是尚書令，而且就主管尚書省的，那是特例，絕非正常。特例到什麼程度呢？他必須另外有敕令表示他的「差遣」是管尚書省才行。做的事情和官職名分相同的，在整個系統中只有兩三成。

這種情況，錢大昕《二十二史考異》書中為我們舉例並解釋得比較清楚。當蘇軾擔任定州知事時，他的「官」是「朝奉郎」，這是規定他的品級的，表示他是在「郎」這個等級上；而他的「職」，也就是官僚系統中的編缺歸屬，是端明殿的學士；但他真正做的工作，也就是他的「差遣」，是去管定州。

為什麼會這樣？這顯示出官僚體系中的任命充滿了不確定性，也就意味著皇帝有很大的空間

5 《宋史．職官志一》載：「其官人受授之別，則有官、有職、有差遣。官以寓祿秩、敘位著，職以待文學之選，而別為差遣以治內外之事。其次又有階、有勳、有爵。」

可以依主觀意願調動。我們看宋代士人的傳記，最突出的部分就是他們都經歷過好幾次的升貶調職。一旦通過科舉做官，就一下子進中央、一下子到地方，一下子去這裡、一下子到那裡。宋代文人當官需承受一個矛盾情況，一方面是一旦當官就幾乎得到了保障，可以一輩子當官；但另一方面，任官的生涯很長，必須忍受、甚至必須習慣和做好預期準備，就是隨時會被調來調去。

這樣的矛盾源自另一個政治權力安排上的矛盾，那就是宋代皇帝需要文人，用抬舉文人來壓抑武人，解決從唐末以來嚴重的武人治國、武人亂國的局面；但同時貴族與武人都消失了，皇權愈來愈高，傳統的相權，也就是官僚體系無法牽制皇權，皇帝就可以任意調動文人，以保證就算尊重文人，也不會有文人威脅皇權的危險。

07 金匱之盟？還是「燭影斧聲」？

宋太祖即位後，進行了諸多變革，讓宋朝的實力快速成長，能夠陸續征服荊南、後蜀、南漢、南唐等國。南唐的最後一任皇帝，就是文學史上享有大名的李後主李煜。

然後，西元九七六年，在位十六年後，宋太祖去世了，由他的弟弟趙光義繼任，就是宋太宗

（西元九七六年—九九七年在位）。為什麼是由弟弟繼位而不是傳給趙匡胤的兒子呢？在史書上有兩種不同的記錄。第一種是《宋史．后妃列傳上》關於杜太后的記錄，就是聽說趙匡胤「黃袍加身」時毫不驚訝地回應：「我兒子原本就懷抱大志！」的那位母親。

杜太后生了重病，特別叫趙普來寫遺詔，這時皇帝兒子趙匡胤也在。母親問兒子：「告訴我，你知道自己到底怎麼得到天下的嗎？」在母親病榻邊被這樣問，趙匡胤給的是客氣的標準答案：「唉，我能力那麼差，能有今天，都是靠祖先和母后的庇蔭。」自知將死的杜太后可沒有要聽這種敷衍的話，她說：「你得天下，是因為周世宗留下來的兒子年紀太小了。如果那時候周世宗的兒子不是七歲，而是一個成人，不可能輪到你當皇帝。」

這又講到趙匡胤從後周孤兒寡母手中奪過皇位的舊事了。但杜太后要說的，是要趙匡胤反向記取教訓：「你從人家七歲皇帝那裡搶來的，就要確保自己百年之後，人家不會也從你的孩子身上搶走。所以你要將皇位交給弟弟，弟弟那麼大個人，有經驗也有實力，就不會有問題了。」杜太后顯然早有安排，故意讓趙普在那裡當人證，接著叫趙普將這段話寫下來，藏在金匱中，也就是等到趙匡胤死後再打開，後人就會知道要由趙光義繼承皇位。

另一種更戲劇性的說法，是李燾在《續資治通鑑長編》中記錄的，有一個特別名稱叫「燭影斧聲說」。趙匡胤有疾，找來一名據說有神通的道士張守真，在建隆觀設道場祈福治病。張守真通靈了之後，帶回來的卻不是什麼藥方，而是神特別交代：「晉王有仁心。」晉王就是趙光義。

於是趙匡胤就將趙光義找來，進了房，左右都出去了，只留兄弟二人。夜裡房間點著蠟燭，外面只看到模糊的影子，趙光義一下子像是謙讓，一下子又做出奇怪的動作，然後趙匡胤用斧柄敲地板說：「好為之！」意思是你要做、你敢做就做吧！然後趙匡胤就死了。「燭影斧聲說」指向趙光義殺了哥哥，取而代之成為皇帝。

08 兄規弟隨，皇帝主觀意識介入官僚體系

事隔千年，我們無從在這兩種說法中定奪是非。不過如果按照《宋史》的記錄，那杜太后是有遠見的。宋朝開國之後，由連續兩位成熟且具備豐富政治經驗的人當皇帝，產生了極其深遠的影響。趙光義長期跟在哥哥身邊，十分了解趙匡胤的政治思考與制度盤算，因而在他當皇帝時，有效地延續並鞏固了由趙匡胤開端的種種改造。

首先是統一的腳步並沒有因為趙匡胤去世而停下來。征閩南、滅吳越，到征服北漢，宋太宗即位第四年，中國真正統一了。

其次是在抬高皇權方面，太宗和太祖的態度基本一致，持續打破官僚體系原有的制度穩定性，使得皇帝的主觀意志得以無所不用其極地介入；另一方面則藉由考試包納天下人才，採取了

許多手段鼓勵參與仕途，其中最有效的當然就是增加名額、提高機會。太宗時，朝廷文官與武官加起來，規模大概是九千人，到了第四位皇帝仁宗時，就倍增到兩萬人，再到南宋第四位皇帝寧宗時，規模已經膨脹到四萬三千人。

第三是在安排文武關係上，太宗也忠實地繼承了太祖的政策。《續資治通鑑長編》記載太祖曾對近臣說：「今之武臣欲盡令讀書，貴知為治之道。」連武官都要讀書，都要在一定程度上予以文官化，向文官看齊。這樣的立場由太宗延續執行，得以確定不移。

那麼多的文官，還有透過科舉制度延伸出去更多的貢生、進學之人，於是在宋朝就出現了一個特殊的社會層級，在人口中占有愈來愈大的比例。他們是以參與國家政治體系作為人生目標的，也因此社會與國家政治運作系統的關係愈來愈密切。相應地，指揮、支使官僚體系的人，權力也隨之水漲船高，節節上升。過去，文官體系的最高管理者與指揮者是宰相，光是文官系統膨脹，宰相的權位相對就會愈高。然而宋朝卻在開國相續的兩位皇帝手中，用了各種方法裁抑、甚至剝奪相權。

一種方法是宰相管理的各單位權責被分散了。讓我們看看「六部」——吏、戶、禮、兵、刑、工，其中宰相真正能管的有多少。宰相管吏部，但宋朝多了一個「審官院」，負責考核官員。審官院本來主要負責科舉的執行運作，後來就擴張職權，將通過考試、當了官之人的考核也納進來。這就分掉了吏部的權力。

戶部是管財政的，但宋朝設立了「三司」，將戶部納入。三司除了戶部之外，另包括「度支司」管會計進出帳，「鹽鐵司」管鹽鐵及其他國營事業，於是原本統管財政的戶部，變成只管田賦，即來自土地的收入。這樣看來，當然權力也縮水了。

軍隊原本由兵部管理，這時多增加了「樞密院」，來統籌調度整個朝廷的兵力。兵部轉而只負責管理官僚體系中的武官。另外又設立「審刑院」，分掉了原屬於刑部的審判功能。

名義上宰相統領六部，但宰相管不到審官院、三司、樞密院、審刑院等單位，不再是真正的最高行政首長了。

09 從幾個方面看皇帝與宰相的關係

宰相和皇帝之間的關係也不一樣了。從漢代一直到唐代，宰相晉見皇帝，是可以坐下來談的。自宋以降，近世史的基本規範變成了宰相和百官一起「站班」，站在底下聽召、問話答話。還有，以前宰相去見皇帝時，可以帶著代擬詔書，先將自己的意見用皇帝的口氣寫好了，上呈給皇帝看，皇帝同意了就蓋章。可是宋代以後，宰相代擬詔書的權力被取消了，行政程序中多了一樣東西，叫做「劄子」，原意是便條，也就是只能草擬報告給皇帝看，皇帝同意了再拿劄子去擬詔書，多了一道程序。

漢代的相權集中在一位宰相身上，到了唐代宰相變成好幾位，由幾個人分攤相權。宋代宰相也同樣是好幾位，而且又多了一種頭銜叫「參知政事」，這是副宰相。基本上每個宰相旁邊至少有一名參知政事，於是宰相不再是一個官職，而是變成了一個團體，很多人在其中勾心鬥角、彼此排擠。官僚體系因而愈弄愈大，各種單位不斷分枝增加。

從前「三省」（中書、門下、尚書）的長官就是宰相，這三省原本都在宮中，宰相就能在宮中指揮這幾個單位。到了宋代，門下和尚書兩省從宮裡劃分出去，這兩省的首長也就不能進宮了。宮中剩下「二府」，即中書和樞密院，中書統管所有一般行政事務，樞密院統管所有軍事事務，有個特別的稱號——「對持文武二柄」。「二府」和皇帝最親近，也就和宰相分權，不是宰相能管得到、叫得動的。

以往的朝廷架構中，有兩個監察單位，一個是御史臺，另一個是諫官。御史臺是獨立於相權之外的，其責任是協助皇帝監管官員，就連宰相都在御史糾察彈劾的範圍內，所以要具備獨立地位。諫官呢？則隸屬於中書省和門下省，屬宰相管轄，其職責是勸諫皇帝。

諫官通常都選任年輕人，常常跟隨在宰相身邊晉見皇帝，遇到有宰相不方便說的話，就由地位低的諫官「抗顏直諫」。官位低，觸怒了皇帝要罰他，就算降等也降不到哪裡去；年紀輕，官途尚未穩定，會願意一搏，如果勸諫成功就能暴得大名，也有可能因此得到皇帝的注意，獲得平步青雲的機會。而話是由諫官說的，皇帝不能將脾氣發在宰相身上，用這種方式，宰相取得了一點平衡皇帝的空間。

然而到了宋代，對諫官進行了重大改革，表面上給了一個冠冕堂皇的理由，要讓「諫院獨立」，諫官不再隸屬於門下省。諫院獨立，看起來好像是給予諫官更大的權力，實質上是徹底改變、扭曲了諫官的性質。獨立之後的諫官要糾正的對象不再是皇帝，而是和御史大夫一樣，都是監視官員的，甚至因為「諫」是下對上的態度，於是特別針對宰相。

這對宰相影響很大啊，本來可以運用來牽制皇帝的幫手不見了，換成是另一個監督自己、限制自己的機制。如此一來，御史臺和諫官的功能就重疊了，造成「臺諫不分」，原先存在兩個單位的道理消失了。

臺諫不分，雙雙監察宰相，也就沒有人監督、勸諫皇帝，宰相更沒有機會挑戰皇權了。

10 影響千年的「重文輕武」立國精神

趙匡胤、趙光義兩兄弟相繼擔任皇帝，有效地將過去被軍權削弱的皇權從武人手中要回來，解決了五代的政治問題。在這過程中，也就確立了宋朝「重文輕武」的立國精神，意思是這不只是官制、官職上的安排，而是一直滲透到社會底層的價值偏好。

在那個社會，一個人想要提升地位、獲得尊重，最基本的做法就是遠離軍事武力，而且離得愈遠愈好。武人的對立面是文人，所以要努力展現自己具備的文人特性，也就是要掌握或參與在宋代高度發達的文人文化。

唐代在官制上抬高文官，但在態度上並不歧視武力，不會貶抑騎馬射箭的能力，李白還曾以「劍俠」自豪，也會以詩讚詠「公孫大娘舞劍」。然而因為從唐末到五代，軍人取得了空前的地位與權力，使得宋代「矯枉必過正」，徹底貶低與武勇相關的素質，就連彰顯身體力量，到後來甚至光是彰顯身體，都被視為低下粗鄙。延續到十九世紀和西方接觸時，之所以會有「東亞病夫」的形象，其根源就在近世時期的這項根本改變上。

宋朝以降，中國社會看待人的能力與價值，也連帶變成是「重文輕武」的。會跑步、會騎馬得到的肯定，和會念書、會寫字是絕對不成比例的。為什麼那麼多人每天主要的事情就是讀書，相信「書中自有黃金屋，書中自有顏如玉」（宋真宗語）？因為有科舉，期待藉著考試往上爬。

但看看元朝吧，科舉曾經被廢除，就算恢復了，在蒙古人的種族政策下，也只有很小一部分的漢人能夠藉由科舉進入朝廷當官，即使那種時候，都還是很多人在讀書，以讀書作為唯一追求。再看看明朝，官吏員額有限，僧多粥少，使得科舉愈來愈難考，卻也沒有因此而減少以讀書為業的人。

「重文」的價值已經深深烙印在近世的中國文明中了。

第四講

祖宗家法和崛起的文人文化

01 朝代競爭：約束皇帝的重要手段

史家楊聯陞寫過一篇論文，標題是「國史諸朝興衰芻論」，有意思的是，在論文後面有一段筆法比較輕鬆的附錄，叫做「朝代間的比賽」。[6] 這段文章中整理了三項中國傳統的特點：第一，強大的歷史意識；第二，以「三代」作為歷史上存在過的「黃金時代」，也就成為後世的楷模；第三，習慣以朝代為單位來看待歷史、理解歷史。在這三項特點上衍生出一種和前面朝代競爭的觀念。

當下存在的這個朝代，相較於之前的，有哪些優點，又有哪些缺點？過去的朝代成為重要的參考指標，現在這個朝代相較之下名次會排在哪裡，比哪些朝代好，又比不上哪些朝代？「朝代競爭」的觀念，會隨著時間而有不同的變化發展，是在宋代，從宋代士大夫那裡，讓這個觀念變得如此流行。宋代文人比起之前談論歷史或討論現實的人，有更高的動機採用「朝代競爭」的態度。一個理由是宋朝的皇權升高，其他人（包括文人）相對於皇帝的地位都下降了。官僚體系中原本有可以稍稍牽制皇權的諫官，這時也被改造為和御史一樣是監管官員的。那還有什麼力量可以約束皇權？至少可以對皇帝提出勸諫或批評？

「朝代競爭」就是重要的手段，可以用來約束皇帝，提出間接的批評。拿出過去的朝代當背景，不必直接說皇帝做得不好，而是改換說法，請皇帝評估看看：依照當前的施政與社會民生的狀況，我們這個朝代在歷史上的排名會落在哪裡？在宋朝士大夫所處的政治環境中，這就成為和皇帝溝通的管道。

在宋朝文人的積極運用下，形成了大致的朝代排行。好的、強大的朝代，一定是漢朝、唐朝。不過如果以漢、唐為典範，那麼宋朝就很難得到好名次。因為漢、唐都有著對外擴張的輝煌成績，積極拓展了疆域。宋朝開始時打不贏遼，後來打不贏西夏，再來又打不贏金，在武功上，宋人真的沒有什麼可以誇耀的。所以如果要讓宋朝排名前面一點，那個時代的人找到的重要優勢是「祖宗家法」。在今天最常聽見「祖宗家法」這四個字，應該是在清宮劇裡吧。的確，祖宗家法在清代很重要，而他們的觀念與價值就是向宋人學習的。

宋人講祖宗家法，基本上指的就是宋太祖和宋太宗兩人所立下的原則、典範。兩人前後相繼訂定的政治精神，一言以蔽之，就是「以防弊之政，為立國之法」。政治上的決策，首先要參考、思量前人犯過的錯誤，記取教訓，確保自己不會犯同樣的錯誤。而所要防之弊，絕對不能重蹈覆轍的，就是從唐末到五代的武人亂國現象。

如此為了防弊而立的國法，最核心的部分，就是規範了「重文輕武」的原則。

6 可參考楊聯陞，《國史探微》（臺北：聯經，一九八三年）。

02 文武分途，文官全面性壓倒武官

「重文輕武」的制度傾向，在宋朝首先表現在「文武分途」上，文官和武官分別資敘，品秩截然分開。也就是一個三品武官，不可能平行變成三品文官，文官和武官的品秩不能互通、互換。各有各的品秩，而關鍵重點在於確保文高於武。

不能互通最根本的理由在於薪俸不一樣，同樣都是三品，文官三品領的俸祿要比武官三品多得多。其次，在升遷速度上也明顯不同，基本上文官只要不犯錯，在沒有得到特殊拔擢下，是「三年一遷」；而同樣的條件，武官就規定為「五年一遷」。

不只品秩待遇上文高於武，在職務上文武也不平等。列入武官官品中的人，就只能擔任武職，但是反過來，具備文官官品的人，卻可以兼領武職。宋仁宗康定、慶曆年間，宋和西夏關係緊張，邊防極度重要，武官卻被邊緣化，對西夏用兵時主要負責的是韓琦、范仲淹，另外有龐籍、王沿，他們都是文官而不是武將。

仁宗當時要派任他們負責對西夏軍務，原先發布的命令是讓他們擔任「觀察使」，這是武官頭銜，然而這四人都不願接受。後來皇帝不得不親自出面向他們說明並保證，雖然去做武官的事，但一定不會影響他們原先的文官身分，不是要將他們的文官資歷轉為武官資歷。他們不願接受，就是因為武官資歷太低了，對他們來說是降等。

很顯然地，到仁宗時已經有了根深柢固的觀念，文官絕對不做武官，當然相應地，文官也絕對不接受武官轉過來當文官。

另一個例子，是神宗時的一位武官何去非，他在當時很有名氣，寫了流傳至今的一部書《司馬法講義》，另外還寫了《何博士備論》、《三略講義》等，都是兵法上的重要文獻。這位「何博士」懂軍事、精守備，而且能著作。而他之所以辛勤寫作，是因為他夢想著能夠改敘文資。都能寫書了，還不能算文人，不能改到另一邊和文官們站在一起嗎？那是他的夢想，但都還需要特殊陳情請奏，才得恩准改敘從八品的極低階文官。[7]

武官要改敘文官資歷，可說困難重重。不只如此，有些原本屬於軍事上的職務，後來甚至被文人占據，武官反而被排除在外。

讀演義小說的人可能聽過狄青的名字，他會進入說書中成為故事主角，因為他在宋代曾經是最有名的武將。他的軍功在宋仁宗時達到巔峰，皇帝獎勵他的貢獻，將他升為樞密副史，結果竟然在朝廷上引起軒然大波。樞密院本來就是管軍事的，理論上，樞密使也就是最高的軍事職位，

7 蘇軾曾為何去非寫過一道奏狀〈舉何去非換文資狀〉，言「先帝（即神宗）見其所對策詞理優贍，長於論兵。因問去非：『願與不願武臣官？』去非不敢違聖意。……去非雖喜論兵，然本儒者，不樂為武吏。又其他文章，無施不宜。欲望聖慈特與換一文資……」。哲宗後來准奏，加何去非「承奉郎」文散官銜。

然而長期以來，樞密使都是由文人擔任，文官理所當然壓在武將之上。武官沒資格做樞密使，那這麼一位武官中最傑出的人才，放在樞密副史總可以了吧？

眾多文官還是反對，認為狄青還沒到那樣的氣候。不過畢竟樞密副史是武職，議論勉強被壓了下去。到了第二年，皇帝又將狄青升為樞密使。這下子可就鬧得滿城風雨，葉夢得的《石林燕語》中形容：「或云其家數有光怪，且姓合讖書。」意思是出現了許多光怪陸離的傳言，不只攻擊他，甚至攻擊他的姓、攻擊他的家。經歷了這麼一場風波，最後皇帝也撐不住了，四年後將狄青從樞密使位子上換下來，據說因而導致狄青抑鬱以終。

狄青到底做錯了什麼？他不過是以武將的身分執掌軍務最高單位，這樣不行嗎？在宋代的官僚體制中就不行，那麼高的位子，不論是文職或武職，都只能由文官擔任。他們不信任武官有那麼大的能力，可以坐上那麼高的位子。

03 從狄青到岳飛，文官集團猜忌的宿命

在這個背景下，我們可以更深入理解岳飛的遭遇。後世形塑的岳飛故事中，大反派、大對頭

是當時的宰相秦檜。的確，秦檜反對岳飛，秦檜阻撓了岳飛的北伐行動。不過秦檜的舉動，絕對不是單純基於個人的用心與陰謀。在他背後，有當時絕對不願意將徽、欽兩帝接回來的宋高宗；另外，他的背後還有「祖宗家法」和文官集團。

關鍵的因素在於岳飛是名武將。岳飛不是也會填詞，留下了〈滿江紅〉這首經典名作？我們不是還能看到岳飛的文集？這些是事實，但在宋代，卻不足以讓岳飛取得文人的身分。他不曾通過科舉考試，他的成就始於北宋將亡時投軍，他就是個軍人，就只能是名武將。

在「文武分途」的傳統中，一名武將卻有這麼大的企圖，後來掌握了這麼大的權力，必然引發文官集團的高度不信任。這種狀況在宋朝層出不窮，幾乎成為必然的模式。武官什麼狀況下會贏得榮耀，從而得到影響力？必然是因為打仗，而且是打勝仗，所以在武官系統中節節高升。然而升到一定程度，就會引來文官的側目與質疑：「武將可以在社會上變得那麼重要，擁有那麼大的權力嗎？」

岳飛的悲劇有一部分是宋朝這樣的結構所決定的，早在狄青那個時代就確立了，改變不了。做為一名武官，承平時期沒有發揮的空間，被人家輕視、忽略；等到有戰事發生了，你帶兵去打仗，如果輸了，要被指責、貶抑；如果打了一兩場勝仗，那當然好，有榮光和獎賞，可以要是繼續打下去、繼續贏下去，那又麻煩了，有一個無形的天花板在那裡，頂到了，就要被文官的集體猜忌將你狠狠地打下來。

理解岳飛還有一項不可忽略的重點，他犯了另一個絕大的禁忌，那就是和齊安郡王趙士㒟有公開的密切關係。岳飛經常出入齊安郡王府，當他被召回時，齊安郡王還替他奔走，為他伸冤。結果卻只是讓岳飛的罪狀多加一條——結交親王。而且不只岳飛有罪，齊安郡王也犯了「結交將帥」之罪，受岳飛牽連而遭流放。

這就顯現了宋朝裁抑武官的另一種規則——武官和宗室不能互相交往。這點包括在宋人引以自豪的祖宗家法裡，明確的規定是「在宮有出入之限，有不許外交之禁」。「外交之禁」不是不能去辦外交，而是具備宗室身分的人不得和外臣交接，和外臣之間只能有公事，不能有私交，更不能有婚姻關係。

這條規定的根本又是「以防弊之政，為立國之法」。趙匡胤、趙光義他們看到唐末以降的諸多問題，有些來自於宗室，尤其是宗室和藩鎮的聯繫勾結，將外面的勢力轉化、惡化為宮中內部的問題，於是訂定了關於宗室的嚴格管理辦法。在宋朝，宗室子弟只能做一種官，叫做「環衛官」，顧名思義，指的是圍繞著皇帝、保衛皇帝的人。然而現實上，環衛官只是個空名，他們並非真正的侍衛，也沒有真正的職務，只是領有這樣的頭銜，有相應的官俸。但重點是環衛官是武散官，所以這些宗室子弟見到朝廷文官，自動就矮了一截。

於是「文武分途」又被運用來管理宗室和外戚。這些人在「親親」的倫常原則下，不能不給予特權，祖宗家法確定他們可以做官、可以領高薪，然而卻被牢牢地壓住不能作怪。壓住他們的就是這個武官身分。宗室、外戚很容易得到官職，但官職同時也就是約束，將你放在無法和文官平起平坐的位子上。一直到南宋，宗室和外戚都只能敘武官品級。

神宗之後，因為環衛官人數太多了，就放寬規定，宗室不再只能當環衛官，可是配套上仍多了一項限制。環衛官由於沒有實際職務，是可以留在京城的，然而如果宗室、外戚要擔任環衛官以外的其他官職，就一定要外放到地方去，不能留在中央。已經是矮一截的武官，還要發配到外地去，你還會那麼積極追求權力嗎？不如就安閒地領高薪、過好日子吧！

04 祖宗家法徹底框限宗室、防堵外戚

基於「以防弊之政，為立國之法」，宋代的節度使也徹底變形了。宗室、外戚原先如何亂政？最常見的就是向朝廷爭取到當節度使，於是藩鎮和宗親的身分合而為一，外面和裡面的勢力密切勾結，那就很難收拾了。

宋代保留了節度使的名字，但這時的節度使，首先沒有「節度」之地；其次，就算真的被派在外面，旁邊另有知州和通判，知州才是真正有實權的，但還有通判監視著知州，而知州和通判都有權力、有管道可以針對節度使的行為打小報告。在這種情形下，節度使會寧可留在京師，日子還好過一些。

那宋代的節度使是什麼樣的官？是讓宗室、外戚可以領高薪的官，留在京師，一個月可以領四百貫，而宰相也不過才領三百貫。薪俸那麼高，當然是獎勵，但依然是武官品秩，在地位上遠遠不如宰相。

外戚基本上和宗室受到同樣的限制。女兒嫁入宮中成為皇后，家人當然受到庇蔭，都能做官，但是做的一律都是武官，官俸很高，卻通通沒有實際的權力。外戚比宗室還多一條規定，就是不能當侍從官，宮中較高的位子外戚都不能擔任，也就是不讓他們太靠近宮廷。裡面不能留，就去外面發展好了，那也不怎麼行得通，因為又有一條規定，不能當監司、郡守，意思是地方上有實權的位置也將外戚排除了。最後一條，外戚不得任職中書、門下、樞密院，中央核心權力官職更是不准外戚染指。

這樣防堵外戚亂政還不夠，還有一項最根本的措施，就是「宮禁」。宮中當然是禁地，不准任意進出，尤其是一定要嚴防男人進出宮中。為什麼任用宦官？就是為了確保皇帝的獨占生殖權，不必擔心后妃生出非皇帝骨肉的小孩。然而宋代的宮禁更加森嚴，明確地防範宗室與外戚進入宮中建立影響力的任何機會。

在原本的宮禁考量中，不會禁外戚。皇后的弟弟要來看姊姊，有什麼好禁的？亂倫的更大阻力使得他們之間的關係沒有可能威脅皇帝的生殖壟斷權。皇后的父親或母親更不會招惹嫌疑。因而皇后的父親或兄弟，就靠著這種能進出宮中的特權，成為最有勢力的外戚。如果皇帝年紀還小，那通常就是皇太后的父兄占得了最有利的地位。

可是到了宋朝，宮禁卻是嚴密到宮中后妃都被劃分出一定的區域範圍，只能在這中間走動，不得超越。至於外人，不論是誰，為了任何理由，都絕對不准進來。原本擁有進出特權的外戚，現在成為針對、防範、阻攔的對象。

仁宗時的曹皇后，歷經英宗，到神宗時還在，年紀很大了，自從進宮後就沒有見過她的弟弟曹佾。神宗特許讓曹佾入宮姊弟相會，曹太皇太后都不願意，顧慮宮禁而一再拒絕。皇帝只好自己將曹佾領進宮裡去見曹太皇太后。曹太皇太后一見弟弟，她的反應是驚慌地要弟弟趕緊出去：「此非汝所當得留。」表示那不是弟弟可以進來的地方。這樣親人不得相見的人倫悲劇，可見宋代宮禁之嚴。

05 祖宗家法如何管束宦官？

南宋紹熙五年（西元一一九四年），光宗禪位寧宗，擁立有功的趙汝愚當上宰相。趙汝愚是宋太宗趙光義的兒子趙元佐的七世孫，也就是他的七世祖具有宗室身分，算是皇族子孫，即使宗室祖先已經去世近兩百年了，他還是被參奏一本：依照祖宗家法，宗室不得為相。政敵就用這個理由鬥趙汝愚。

如此重重防範，在宋朝歷史上的確發揮了特殊作用。宋朝一路下來，一共出現九次由皇太后或太皇太后垂簾聽政的情況，或因為皇帝早逝，太子即位時還很年少，或因為皇帝患病，也有為了穩定政局的。這在所有朝代中是次數最多、比例最高的。然而對比其他朝代，宋朝並沒有因為皇太后、太皇太后聽政而引發外戚干政專權的問題。

為什麼說在朝代競爭中，宋人格外自豪「祖宗家法」？祖宗家法發揮作用防範了外戚之亂，這一點就勝過絕大部分的其他朝代。宋人的政治意念、政治論述中經常強調：自己的這個朝代沒有宮闈內亂，也沒有外戚之禍。這確實是祖宗家法發揮作用才形成的。換另一個角度看，正因為祖宗家法對宗室、外戚做了那麼嚴格的防範，才使得皇太后聽政如此普遍，不會被視為侵害皇權的嚴重威脅。

為了防堵外戚而有那麼嚴密的宮禁，連帶使得宮中與朝中的互動極度稀少，也極度困難。外面的人，就連太皇太后的弟弟都進不來；后妃不只出不去，甚至連宮中都無法隨意走動，越過界線進到下一個院子都可能被砍頭。如此，還能承擔內外傳訊功能的，就只剩下宦官了。

於是相應地，宋朝宦官人數很多，而且宦官很重要。光是在《宋史》中，就有五十六名宦官有傳。不需讀《宋史》，我們看《水滸傳》，小說裡有一個大宦官童貫，他出場的時候是帶兵的。宋朝的宦官是可以帶兵的。

再看《宋史》，留名青史的五十六名宦官中，他們身上有過的軍職頭銜平均一人超過一個。

最高的是童貫曾統領軍隊打西夏和遼國。最低的位子則是「走馬承受」，雖然名稱看起來挺卑微的，但在軍中其實權力也不小。

這反映了祖宗家法用以節制宦官的另一項規定，就是宦官只能管武人，不能管文人。我們很容易以為宦官權力很大，大到甚至可以管軍隊、管武將，但其實應該倒過來看，在文武分途、重文輕武的原則下，祖宗家法限制了宦官，宦官的權力只及於武人武將，不能再向上干預文官。

祖宗家法中管宦官最徹底、最凶狠的一條，是規定宦官不得讀書識字。在重文輕武的制度中，讓宦官絕對無法取得文人的資格，不可能有文人的地位。到了南宋，有受到宦官協助而取得宰相位子的，想要改變這情況，要教內侍識幾個字，卻也仍然被其他官員動用祖宗家法擋住了。宦官可以在軍隊裡監督將領，但因為沒讀書、不識字，也就不可能真的和文官分庭抗禮。

祖宗家法還管宦官必須定額，不可以隨便增加。在現實上，宋朝的宦官是有增加的，但定額規定還是相當程度約束了皇帝的主觀任意權力。想要多用幾個宦官，皇帝必須下一道詔書，說明基於什麼理由、什麼需求。如果交代要多二十名宦官，等到這二十個位子填滿了要再增加，又必須下新的詔書。如此使得宦官人數在宋朝沒有快速且無節制地成長。宋代宦官最少的時候大約五十人，增加到最多時也不過兩百五十人，和其他朝代相比，那真的是很節制了。

還有一項特別規定，宦官的品秩是獨立的，不和文、武官雜混。宦官不會有武資，更不可能敘文資。如此一來，就杜絕了二品宦官去指使三品武官或三品文官的可能，宦官的品秩只能在自家內部比。宦官品秩再高，在朝廷官僚體系中都沒有意義。

06 宋朝官員的薪俸與待遇堪稱優渥？

重文輕武的立國精神很現實地反映在待遇上，宋代文官待遇和武官待遇差很多，這又是祖宗家法刻意設計、維持的。

文官中最低的是知縣下的「縣尉」，待遇大約是一個月六貫錢，加三石配糧。和縣尉大致同品秩的武官是「中下禁軍」，待遇卻只有五百文到三百文。宋代幣制基本上一貫等於一千文，所以換算下來，縣尉的待遇竟然是同品秩的中下禁軍的十二倍到二十倍，而且武官還沒有薪俸之外的配糧。在中禁軍之上的「上禁軍」，品秩高於縣尉，薪俸也只有一貫，是縣尉的六分之一。

再往上看，「知縣」的待遇大約是五十貫，「知州」大約一百貫，這是地方官。中央的官員大概都能領到一百貫到兩百貫。宰相呢？有三百貫。也就是說，文官中最高層官員的待遇，是最低層的五十倍之多。

讓我們試著算得更具體一點。在我們的社會裡，最低工資如果是一萬元一個月，拿來比擬宋代最底層武官所領的薪水（給的待遇總不能讓人家活不下去吧），如果一名下禁軍在今天領一萬元，那麼縣尉就有十二萬，而宰相在今天能領多少呢？六百萬！

宋代的貨幣經濟已經很發達，但文官的收入除了以貨幣計算的薪俸之外，還有配米糧，甚至還有配布，這些都是可以換算成錢的。文官還配給有鹽、有紙，冬天有柴、有炭，而這些武官都沒有。

有一種機構叫做「公使庫」，顧名思義，本來是提供負責遞送信息的使者所需的開銷。但到後來公使庫不斷擴張，變成只要是文官在路途上的所有費用都由公使庫開支。一名知州要上京，出門時可以一毛錢都不帶，路上也真的可以一毛自己的錢都不用花，甚至回程時還能剩錢帶回家。一切都有公使庫提供、招待，他們當然都樂於上京。

宋代的士大夫講求「士風廉潔」，一部分原因在於只要做了官，他們真的就不缺錢。「文官不要錢，武官不怕死」，這是宋代所建立的標準，特別如此提出，是因為有文官可以從朝廷領到高薪的現實基礎。看看宋初名臣范仲淹，他在中國社會史上另外占有一席之地，因為他調知杭州時，在家鄉蘇州買了一千畝田當作「義田」，成立了「范氏義莊」，將義田的收入拿來辦義塾，以及其他宗親間的社會福利照顧。范仲淹號稱廉潔，他不必貪汙，也不必去做生意，光是任官多年，又做過宰相，收入就足以讓他可以買義田、辦義莊了。

范仲淹將積蓄拿去買義田，也不必擔心自己的晚年生活，因為他還有「祠祿官」[8]，也就是

8 《宋史．職官志十》：「宋制，設祠祿之官，以佚老優賢。……時朝廷方經理時政，患疲老不任事者廢職，欲悉罷之。乃使任宮觀，以食其祿。」也就是讓退職大臣擔任道教宮觀的宮觀使，無須管事，借名領俸。

退休俸。在一定品級以上的官員，退休時還能定期領大約一半的薪俸。宋朝對於文人的優遇到這樣的程度。

07 進士成為文人系統的最高標準

宋朝的國家財政經常出問題，國庫困窘，其中一個常常被忽略的因素，就是花在文官體系上的人事費用。

為什麼會被忽略？一來，因為這是「祖宗家法」訂下的歷朝精神，不能檢討、不能改變；二來，討論、處理財政問題的都是文官，他們自然不會先檢討自己的薪資，不會承認自己領的待遇是國家問題的來源，更不會想要拿自己的收入開刀，來改革國家財政。所以他們提出了種種辦法要富國強兵，但相當程度上注定是失敗的，文官開銷不減很難「富國」，武官地位不提升也很難「強兵」。而這兩種所需的做法，都是違背文官本位立場的。

近世歷史非常突出的成就，是輝煌的文人文化，而這樣的輝煌表現是有現實基礎的，那就是文官的社會地位以及不虞匱乏的經濟實力。一旦進入這個系統中，得到文官的身分，就得到了社會的尊重與注意。文官中有等級，等級的核心概念源自科舉。進士的地位最高，一般稱做「文辭之士」，那可不是對會寫文章的人的泛泛之稱，而是特別保留給進士出身的。

唐代就有進士科和其他科別之間的高下差異，到宋代更嚴重了。唐代是考取明經的人比不上考取進士的人；但到了宋代，卻是考上明經的人都還被認為不如很多志在考進士卻遲遲未考取的人。而且在考取進士的人當中，又再分出等級來，名次在最前面的是「進士及第」，稍微後面一點的是「進士出身」，再後面一點的則是「同進士出身」。名稱上就顯示了「出身」，意味著這是一種身分，不單純是一時的考試排行，而且這樣的考試結果真的會跟著你一輩子，反覆出現在你的資歷上。

考試愈來愈重要，尤其是進士科考試愈來愈隆重。那是在皇帝面前的大場面，叫做「殿試」，由皇帝親自當考官，被皇帝欽點到的，才是不折不扣的「進士」。其他通過考試卻沒有被皇帝看中的，只能是「進士出身」；其他有資格參加殿試的，則是「同進士出身」。[9]

在文官中又分出非常明確的階層，層層疊疊產生了一個效果，就是拉開了進士和其他人之間的距離，並以進士作為文人系統的最高標準。其實從帝國統治的角度看，這絕非好事，而是個嚴

9 宋太宗時將殿試成績評定等第，分作三甲。宋真宗時頒《親試進士條例》，改分為五等，《宋史．選舉志一》載：「其考第之制凡五等：學識優長、詞理精絕為第一；才思該通、文理周率為第二；文理俱通為第三；文理中平為第四；文理疏淺為第五。然後臨軒唱第，上二等曰及第，三等曰出身，四等、五等曰同出身。」

重的問題。進士是「文辭之士」，考的是會寫文章、會作詩的人，這樣的人不見得會治國，這是一大問題。進士被抬得那麼高，連帶地寫文章、寫詩也被抬得很高，社會上視寫文章、寫詩為頭等能力，相對輕視實際當官治國所需要的本事，這是另一個大問題。考的是文辭，卻要找可以當官的人才，手段顯然連接不上目的。

08 重文辭而輕論策，科舉不合理下的改革

長遠一點看，在中國歷史上，這個問題是從魏晉南北朝延續下來的。進士之所以有超高地位，溯源畢竟是來自於門第。「詩」原本是門第貴族教養的重要代表，能夠投注精神在文辭上修習砥礪，那是他們的特權，因而隋唐之後重點在考文辭的進士科，明經及其他科被擠到後面去了，連帶墊高了進士的價值。

文辭能力是貴族身分的象徵，原本這些人參政做官，憑藉的是他們的門第背景、門第訓練，而不是他們的文辭能力。然而到了宋代，門第貴族消失了，「文辭之士」在官場的特殊地位卻隨著科舉而留了下來。於是問題更惡化了，這些人真的就是專精於文辭而考得好，他們和政治之間

沒有任何門風帶來的經驗與資歷。誰詩文寫得好，誰就考試考得好；誰考試考得好，在官場上就能得到較優越的身分，仕途上就能得到較高的權力。

這當然不對勁，但在宋代，矛盾非但沒有解決，還更擴大了。去進學讀書的，都只是為了考試。宋代的太學收了很多學生，最多的時候收到三千人，成為一群深思、有良心的士大夫的批評對象。因為太學的教育根本就是補習班，不教應對進退，也不教治國理民，更不教父慈子孝兄友弟恭。那教什麼？就教作文寫詩的一套方法，學到這些內容，有助於考試取得好成績，然而一旦進入仕途當官，就當得一塌糊塗。

不一塌糊塗也難吧！當官的人根本沒有學過當官所需的基本知識，更從來沒思考過如何當官。宋代一直都有人疾呼應該改革科舉，不能將重點都放在「文辭」上，應該要加考「經義」，讓考生——官員候選人——受一點政治教育，具備中國傳統的政治理論常識。到神宗熙寧年間王安石執政時，就大力實踐了這個主張，然而他的獨斷個性使得他自己寫了一套《三經新義》，規定考試要以此書內容為標準。結果舊黨大反彈，在強烈抨擊下，改革的重點也扭曲了。這項改革就像王安石的其他措施一樣，等他失勢了就被推翻，而且還成為新舊黨爭的另一個戰場。

新黨提出了另外一個長期的改造方案，是以學校取代考試，訂定「太學三舍法」，也就是將太學生分為三種等級（外舍、內舍、上舍），表現夠好的才能升級，極少數能完成三級教育的，可取得任官的資格。這就是為了要處理考試重文辭，以至於考、用徹底脫節問題的一個方案。

科舉的情況不合理，但牽涉到太多複雜的社會因素，在現實條件纏捲下，不合理的制度無法改變。宋代還有「榜下捉婿」的說法，描述有錢人家，想要保持家業地位的大家族，放榜時就盯住榜單，如果榜上有名的人還沒結婚，就趕快搶來當女婿。這種情況充分顯現社會上對於科舉近乎瘋狂的反應，怎麼可能改得動呢？

09 文人價值在於藉由美學態度標榜自己

從政治上看，這是可怕的災難，考試考出這些對政治沒有準備的人，給他們那麼高的地位和那麼優渥的經濟報酬。不過從文化上看，卻創造了近世中國最了不起的成就——產生了空前絕後的文人文化。

文辭取士關鍵就在抬高了美學標準，或說美學品味的重要性。文章詞賦的規則大家都可以學，寫法大家都可以練習，然而在如此激烈競爭下，最後要能夠脫穎而出，就必須要有在美學上的獨特表現，從而在這些文人心中建立了清楚而強烈的美學態度。

這些人在社會上抬頭，靠的不是政治上的訓練，毋寧是長期在美學上的浸淫。如果接受過對的政治訓練，他們可以很現實、很幹練，但他們就不會寫詩，不會將字寫得很漂亮，不會從寫字的美感連帶引發對於繪畫的一套不同的要求與解釋。藉由美學的能力，他們取得了被其他人羨慕忌妒的地位，他們當然沒有理由放掉這樣的能力，由這樣的能力發展出可以標榜自己、和社會上其他人拉開距離的一種生活方式。

還有一項絕對不能忽略的條件，那就是文人進入官場之後，簡直就可以完全不必有任何現實感。他們不必擔心錢，有薪俸、有配給，就連外出遠遊都可以靠「公使庫」支應照顧。最極端的情況就是因為犯了錯被貶謫，要去到天涯海角的偏僻治所，但這一路上都還是公使庫買單，不會餓到，不會凍著。

因為這個系統裡都是如此出身的人，就有了集體的價值傾向。在這個系統裡，地位高下如何評斷？如何能夠得到別人的肯定與尊重？靠你很會斷獄？還是靠你很會治民，教人民如何種竹子、砍竹子、賣竹子賺錢？還是靠你很會防邊，在邊境上可以和遼人或金人保持距離？

這些都不是文人系統中認為最核心、最有價值的。要種竹子，不是為了人民的收入、商業買賣的繁榮，而是為了可以讓生活產生一種特殊的美學趣味。那才是在這個系統中可以拿給人家看，能讓人家注意到的。

由詩文開端，在近世中逐漸增添了其他文人文化的項目——琴棋書畫。琴，是音樂，但這時候的音樂不再是匠人的音樂，而是有著特殊的文人音樂理論與體會。在所有的樂器中特別凸顯琴，用琴來代表音樂，因為琴的彈奏與聲音，最能符合、彰顯文人所建構的理想。

棋，是遊戲的一種，然而在近世社會中，圍棋取得了和其他遊戲不同的地位。那是簡單卻高度抽象的，而且可以放入許多思考，在勝負過程以外更開發了許多意義。落子先後，這是時間；布局，這是空間；無聲且不清楚的勝負過程，近乎無窮的變化可能，這又最適合用來當作人事的譬喻。棋不只好玩（good for playing），更重要的是好思考（good for thinking）。

書，從寫字衍生出的書法，本來就和詩文有最密切的關係。詩文必須被寫下來，很自然地在追求好的、美的詩文同時，連帶講究寫下詩文的字也應該是好的、美的。然後隨著詩文產生不同的個性標準，書法也因應、擴張了其意義，甚至在表達詩文意義之外，得到了獨立的地位。

畫，和音樂一樣，原先屬於匠人技術領域，卻在近世文化中被改造了。和詩文結合在一起，畫不再是重現眼中所見的形與色，毋寧是創造詩文中所傳遞的那種理想景致，寫實性的標準快速退位，讓給理想性、精神性的標準。特殊的「文人畫」於焉興起，成為這個時代繪畫的主流。

10 作為宋代文人，不可能和琴棋書畫絕緣

看到由武人所建立的朝代前後相繼，每個都只存留了很短的時間，連趙匡胤的母親杜太后都知道在這種環境中當上皇帝的人，首要的工作就是找出方法，讓自己的朝代不要同樣地曇花一

現。趙匡胤、趙光義他們設立並執行的制度，因為是從鞏固朝廷的角度出發，就成為要求後代警戒遵守的「祖宗家法」。宋朝果然沒有步上五代的後塵，成為另一個短命的王朝，證明祖宗家法是對的、是有效的，那就更不能改、不該改了。

重文輕武的精神來自祖宗家法。在宋朝，文人和文官基本上是相通的，必須有文人的涵養與訓練，才可能當上文官。從相反的方向看，文人的訓練也就是為了取得做官的資格，不只要考得上科舉，還要培養出文官的特殊生活形式與品味。除了當官，文人沒有其他「正當」的職業。

文人文化的根底，當然是源自他們所讀的書而來的價值信念。和價值信念相關的書，幾乎都是儒家的經典，因而也可以集體地來看，寬泛地說，宋代的文人都是儒家。而在儒家的基礎背景之上，後來又生出了一套自覺的大系統，要重建以儒家信念為原則來解釋一切的理論系統，那就是在宋代、明代大放異彩的「理學」。

理學家都是文人，但並不是所有的文人都是理學家。儒學是培養文人過程中絕對不可或缺的一環，然而理學是更專精、更廣袤的儒學，那就只有一部分的文人有意識地去追求，才得以建構起來。

相對地，「琴棋書畫」是普遍的文人生活要求。既是生活的樂趣，也是身分的展示。作為宋代文人，可以不懂心性理氣，卻不可能和琴棋書畫絕緣。文人除了讀書以了解儒家道理，除了寫詩文之外，還有一些微妙共識之下的條件，在這種情況下形成了獨特的文人文化，刺激、促進了文人文化的大幅成長。

重文輕武的精神下，光是不准宦官讀書識字，就可以有效抑制宦官干政的問題。也是在重文輕武的原則影響下，宋代的武官也都是要讀書的，要向文人看齊，自主地模仿文人。然而一旦成為武官，再怎麼讀書還是不可能翻身越界變成文人，只不過沒讀書的武官就連在自身的軍事系統裡都很難出頭，在社會上更難得到尊重。

因為重文輕武，一方面使得宋朝無法抵擋北方的外族勢力，但我們也不該忘了要看另一面，重文輕武建立起的這套文人文化，後來迅速地傳到遼和金，相當程度上有效地感染、同化了他們。也等於是以文化的吸引力，為宋朝建構另一種很不一樣的防線，將遼、金社會漢化，起了延續宋朝國祚的作用。

第五講

「琴」：中國音樂的發展

01 文人文化：教養身分的副產品

宋朝剛開始時，仍然有「中古遺風」，對於參加科舉的人還有身分限制，但很快就開放，於是產生了文人身分認定，以及文人自我認知的問題：雖然科舉是取得文人身分最直接、最清楚的管道，然而如果只靠考上科舉來定義文人的話，那麼文人這個集團會很小，甚至不成其為一個社會集團。

依照保留下來比較完整的史料考察，北宋仁宗朝時，前後一共有十三榜進士考試，將所有的榜首調查一下，結果發現其中十二人的父親都不是做官的。再看南宋理宗《寶祐四年登科錄》，「登科」者的父親、祖父、曾祖父的名字身分也都有記錄，上面登科者五百七十人，超過一半他們的父親、祖父、曾祖父都沒有當官。也就是說，登科者大多來自非官宦人家。另外，五百七十人中，父親當官、兒子又考上能做官的，大概只占了五分之一左右。

如此明白地顯示了，在宋朝，或者擴大來說在近世中國，因為科舉太競爭、太難考，所以科舉取得的官宦身分很容易失去，很難一代代地維持下去。很多非官宦家庭的子弟不斷冒出頭來，表示這個環境是相當開放的。

因而後來就發展出官宦身分與更普遍一點的文人身分之間的特殊關係。官宦人家必須建立自己的文人門風，以便即使下一代、甚至下兩代的子孫在科舉上表現不理想，仍然還能維持文人的地位。也就是說，要取得文人身分，主要來自科舉成就，然而一旦取得了，要繼續維持下去，就不再是單純靠科舉了。

這時要靠一種特殊的「教養身分」，即使在沒有科舉帶來的官位下，還能和社會上的其他人區分開來，保留較高的地位。文人文化就是這種教養身分的展現，也是教養身分的副產品。

教養身分與相關的表現在宋朝開始發展，到了明代就凸顯「琴棋書畫」，這四個項目被固定為文人教養身分的核心。這四個核心項目有什麼共通之處？

首先，都是室內的活動，而且都是靜態的活動。整個近世社會在文人文化主導下，基本上是主靜不主動的。這也牽涉到對待兒童教育的看法，認為教小孩最重要的就是讓他們安靜下來。想辦法以各種方式讓孩子安靜，在近世教育中被抬得很高，會動、愛動的孩子被管束、壓抑，視為壞孩子、野孩子。

其次，琴棋書畫都是生活中的，而不是事業上的活動，意思是都不是明顯有用的。從科舉「文辭取士」衍生而來的文人文化，根底上又有強烈的美學品味關懷，在教養中反對自我標榜、自我炫耀。因而適合文人身分的活動，應該是非功利的，不是為了換取名或利，不是來自手段的算計思考。

宋代文人寫詩、填詞，但正因為詩詞，尤其是詩，仍然和科舉考試有直接關係，於是相對地就被劃為屬於官僚應酬那方面的現象，而不會和琴棋書畫擺放在一起。琴棋書畫比詩詞更「文人」，因為更純粹，更沒有目的性，不能換取錢，也不能換取功名，具備了無用、業餘、消閒的性質。

02 琴的古老尊崇，從考古到劉向〈琴說〉

琴是一種樂器，琴演奏出來的是音樂。在近世文人文化中，琴雖然代表音樂，但琴並不等於音樂，而是廣大音樂領域中特別的一塊。在所有的樂器中，甚至可以將人聲一併納入比較，撥弦發出的琴聲最為疏朗，相對也最安靜。琴還有另一項宋人很在意的特性，那就是在樂器中來源最古老。

關於琴的古老，近世文人文化中有很多說法，不過現在我們可以透過考古證據確認，琴的出現與發展真的極其久遠。在戰國時代的曾侯乙墓中，除了最有名的編鐘之外，還考掘出許多其他樂器，那應該是整支樂隊的樂器都被當作陪葬品埋進去了。而其中就有「五弦琴」。不過有專家堅持那是「五弦器」而不是「五弦琴」，因為其功能應該是為編鐘調音，是調音器，無法證明會被當作樂器來演奏。

不過西漢的馬王堆三號墓中，又出現了另一項考古發現，那是一把「七弦琴」。挖出的證據更明確，這把琴的琴頭十一點五公分，全長八十二點四公分。琴身分為面板和背板，兩塊板子中間用卡榫接合。這樣才能使得琴身中空，產生共振，放大琴弦震動的聲音。有中空琴身，顯示這把琴是演奏用的。到了東漢之後，又發展出將整段樹木挖空的技術，就能製造出比兩塊木板彎折接合更好的共鳴箱。

馬王堆出土的琴一共是七條弦，但沒有「琴徽」，也就是西樂中所稱的「琴橋」。出土時上面明顯看得出磨損痕跡，表示這是真正使用過的樂器，不是專為陪葬而做的「明器」。從磨損的痕跡，我們還可以還原大略的演奏方式，一個磨損處顯然是彈奏的位置，另外兩個磨損處若依照弦長判斷，大約是在四度音和五度音的位置。

我們有理由相信，早在西漢時宮廷人家就已經使用、演奏琴了，而且應該不單只是由匠人來運用演奏，如果是匠人用過的琴，沒有道理被放入墓葬裡。最有可能的，那是墓葬主人自己用過的樂器，這意味著琴不是單純拿來表演的器具，貴族家的女性可能有習慣自己彈琴來消閒自娛。

時間稍晚一點，劉向寫了一篇〈琴說〉，如此強調「鼓琴」的意義：

> 凡鼓琴，有七例：一曰明道德，二曰感鬼神，三曰美風俗，四曰妙心察，五曰制聲調，六曰流文雅，七曰善傳授。

這段話應該倒過來讀，講的是演奏琴的七個層次，最低的一種是演奏者為了示範、為了教別人如何演奏。在此之上的一個層次，則是發揮影響，讓聽者變得文雅。再上去，是尋找並律定音樂的規則。再上一層，可以表現內在的心思情緒，然後可以產生改善風俗的作用。進而琴聲可以超越人間領域，感動鬼神。而最高的作用、最高的成就則是闡明道德，給予人間最堅實的秩序。

繼承《樂經》、《禮記．樂記》的觀念，劉向賦予了音樂很高的地位，而且特別凸顯了琴的角色。音樂如此重要，而琴又在所有樂器中占據著至高位子。

03 中國樂譜是記錄動作，而非記錄聲音

東漢末年，出現了「蔡氏五弄」，那是由蔡邕創作的五首琴曲：〈遊春〉、〈淥水〉、〈幽居〉、〈坐愁〉、〈秋思〉。另外，因應、反映琴的重要性，這個時代也出現了偽託的琴曲，有一首流傳很廣的〈幽蘭〉就假託是孔子的作品，據說是表現了孔子不遇時的心情，如同一朵開在幽谷裡的蘭花。

一八八五年，晚清學者楊守敬來到日本，意外發現了一份這首〈幽蘭〉的唐人手抄譜，這是

目前能夠找到的最早琴譜。這份琴譜一共有四千九百五十四個漢字，從中間抄錄一段：「無名不動又下大指當九案徵無名散打宮。」看得懂嗎？這當然不是受到西方音樂影響後的我們所能想像的樂譜，記錄的不是聲音，而是操琴的方式：第一個音無名指不動，下大指按第九條弦的徽，然後以散拍打在宮音上。這顯然必須在特定的琴上才能對應發出指定的聲音，而且光是記錄一個音就花了這麼多字。琴譜是用這種記錄動作的方式形成的。

雖然我們可以藉由在琴上複製動作，將發出的聲音改用西方的樂譜記錄下來，不過這樣的古樂譜清楚顯示了中國音樂的極大特色，同時也是根本問題，那就是缺乏一套簡單有效的方式來記錄音樂。這樣的琴譜很難讓音樂流傳。音樂在中國必須依靠現場的示範教導才能流傳，一邊看著示範者的動作，一邊自己在琴上彈出來，如此來學曲子，再將曲子用動作背下來。彈琴的聲音和彈琴的動作是分不開的。

那樣的琴譜一定是給識字的人看的，表示琴很早就和文人關係密切。另外，那樣的琴譜在記錄音樂上其實很沒有效率，演奏時間不過就是三、五分鐘，動作過程寫下來卻要四、五千字，寫得耗時費工，讀起來也很不容易。演奏與記錄如此之難，使得音樂在中國無法有效地保留，構成了今天回頭整理中國音樂史的龐大障礙。

音樂的性質與音樂的產生、運用密切關聯。首先，如此產生的音樂是技術、能力，而不是知識。即使是後來經過改良的工尺譜或減字譜，都還是和西方的樂譜有著關鍵的差異。中國樂譜始終是記錄動作，而不是記錄聲音的。不同的樂器就必須有不同的譜。相較之下，西方找到了一種記錄抽象聲音的方式，音高、速度、強弱等等，不限定是由什麼樣的樂器所發出的。

中國有音樂，卻沒有產生一種高度抽象性的音樂思考。音樂始終和具體的樂器、明確的演奏行為聯繫在一起，從來沒有要將音樂和這樣現實具體的聲音分離開來，單獨地進行抽象的認識與發展。

04 從「八音」到「吹、打、彈、拉」

再者，音樂的性質又反過來決定了音樂產製的基本環境。從戰國到唐朝，中國音樂大部分運用在宴飲或舞蹈場合，而且樂器沒有太多的變化。發生變化的是唐朝，多增加了許多樂器，不過這些新增的樂器幾乎都是外來的。

唐代因為和西域密切交流，引進了許多西域的樂器，才使得今天我們所認識的「國樂」編制逐漸完整。唐代重要的音樂文獻《樂府雜錄》中所編錄的樂器竟然超過三百種。除了樂器種類增多之外，此時也形成了更明確的樂器分類，由原先依照樂器材質分的「八音」——金、石、絲、竹、匏、土、革、木，轉為以演奏方式分的「吹、打、彈、拉」四類。

「打」這一類發展得很早，戰國的「編鐘」就是打的，之所以出現如此複雜龐大的編鐘，正因為以打擊方式演奏，如果要產生旋律，就必須羅列大小不等的鐘，每一個都有不同音高，才能製造出聲音起伏的變化。在國樂中，打擊樂器一直維持著重要的地位。

另外，同樣發展較早的是「吹」。「吹」分成兩種，一種統稱為「笛」，是中空有洞的，藉由洞的開放或封閉來操縱音高，向中空吹氣的力道來控制音量。另一種則是「管」，「管」是有簧片的，藉由簧片的震動發出聲音。傳統上的簧片一般都是蘆葦片。最早的「管」是篳篥，會發出很尖銳的聲音，類似嗩吶，聽起來有淒涼之感。

「彈」這類中最重要的就是琴。在琴之外，另有瑟。琴的發聲原理近似吉他，是靠按弦位置來決定音高；瑟比較像豎琴，每一條弦都有固定的長度，發出固定的音高，所以李商隱的詩說「錦瑟無端五十弦」，瑟要有很多條弦，五十條弦可以發出五十種不同的音高。

發展得最晚的是拉奏的樂器。在中國樂器發展上，拉奏樂器是從彈撥樂器變化過來的。早期的文獻常常會有拉奏樂器的名稱和彈撥樂器相同的情況。拉奏樂器出現得慢，主要是因為最早的發音方式是用竹棒擦弦，雖然能發出聲音，卻極難控制，尤其聲音品質不佳，聽起來很刺耳。要等到以馬尾毛製成的弓取代了竹棒，擦弦產生的聲音才變得好聽，拉奏的弦樂也才變得普遍，逐漸提升了重要性。而馬尾毛的弓，也是從西域傳過來的。

05 唐玄宗時的雅樂、坐部伎、立部伎

除了樂器完備之外，音樂在唐朝的另一項重大進步，是樂曲形式與樂曲編制得以固定下來。這方面的發展有賴於音樂和宮廷的密切關係。李氏皇家十分重視音樂，宮廷活動中也大量運用音樂。隋唐形成了「九部樂」、「十部樂」，各部名稱大多是西域的地名或國名，標示出音樂的來歷。（可參《不一樣的中國史》第七冊第四講。）

由此反映了兩種心態，首先音樂仍然帶著濃厚的異國情調，甚至宮廷會特別突出、炫耀其異族性質，表現唐朝作為天下中心的獨特地位。其次，清楚表現出音樂運用的場合，主要是對外展示作為東道主，開放、接納、歡迎眾多外來賓客及其生活文化的態度。音樂象徵和平與友誼。

「九部樂」、「十部樂」中最重要的是「龜茲伎」與「西涼伎」，這兩種音樂編制最大，音樂形式也最複雜。到了唐玄宗時，這些音樂經歷了極大的改變。唐玄宗不只熱愛音樂，而且顯然具備極高的音樂天分，他以改編這些音樂進行實質上的創作。他先將「十部樂」進行分項，然後又創造了一種編制較小的樂曲形式，稱為「雅樂」，再將「雅樂」逐漸擴大，重新編組。

玄宗之後，唐朝宮廷音樂就分成了三個層級。「雅樂」的編制最小，使用的樂器較為傳統，音樂的變化也較少，保留了更多受西域影響之前的本土音樂成分。拉的樂器都還是使用竹棒而不

用馬尾弓，吹的樂器也以笛為主，不太用管，於是整體的音量必然不大，相對地在演奏的難度上卻比較高。

原先的「十部樂」被分成兩種，一種是「坐部伎」，表示是坐著演奏的，編制比「雅樂」大些，但用西樂的概念比擬的話，仍然屬於「室內樂」的規模及演奏方式。參與演奏的大約是八人到二十人，在室內坐著演奏，音量也不會很大，並且承襲六朝的基本規範，「歌者不舞，舞者不歌」，唱歌的人和跳舞的人區分開來，唱歌的不動，跳舞的不唱，各司其職。「坐部伎」有歌而無舞，器樂分成六部。

另一種就是「立部伎」，站著演奏的。不只站著，而且通常在廣大的空間，甚至是戶外演奏。器樂分為八部，編制從六十人到一百八十人，這是大型樂團，大型的音樂演出啊！還不只如此，唐代的「立部伎」有現代交響樂團所沒有的一種趣味，即樂手站起來是為了要有動作。「立部伎」對後世的演出形式影響深遠。在這裡，音樂和動作、舞蹈有了結合。原先的宮廷音樂中，琴和瑟的角色都很吃重，然而一旦要站起來演出，這兩種樂器就有很難克服的障礙。於是其他幾種樂器就相對地趁勢崛起，搶奪了琴和瑟的位子。其中一種是抱著演奏，可以坐也可以站的「琵琶」。

琵琶也是從西域傳來的樂器，「琵」和「琶」來自「批」和「把」，指的是兩種撥奏的動作，一個朝外、一個朝內。傳入中原後，這個樂器有了分支發展，一種比較小的，稱為「秦琵琶」，「秦」字仍然顯示是從西方傳進來的。後來因為阮咸特別擅長演奏這項樂器，就有了「阮咸琴」的別稱，簡稱為「阮琴」。

今天國樂中的阮琴看起來和琵琶很不一樣，那是因為唐朝以後，琵琶有了重大變化，出現了「曲頸琵琶」。有了曲頸，這種樂器就更容易攜帶，也方便邊動作邊演奏。

之所以產生這樣的分類，很可能是源於唐玄宗敏銳的聽覺要求，最菁英、最細膩的音樂表現，要放在「雅樂」中。如果是儀式性的，沒有那麼講究的，那就由「坐部」來處理。要熱鬧，相對沒有那麼要求音樂表現的，就讓「立部」邊演奏邊唱跳來進行。不過到了後世，反而是在音樂上最不講究的「立部」，因為開啟了和舞蹈、戲劇結合的空間，產生了最大的影響。

06 大曲的樂歌舞形式，中國器樂的最高峰

唐代在曲式上也有了進一步的發展。這時候有了「法曲」。法曲源自六朝的道教音樂，隨著道教受到重視而進入唐朝宮廷，被宮廷音樂吸收並予以擴大。法曲是「大曲」中的一種，編制上比一般的大曲稍小一點，器樂的音域比較低沉，與原本所要製造的宗教氣氛有關。

大曲有很明確的結構。開頭是「散序」，也就是序曲的作用，在節拍上很自由，可以分成幾

個不同段落，段落和段落間會轉調，大約會用到兩三個不同的調。散序結束後，才進入樂曲的主體，叫做「中序」，又叫「歌頭」。這段音樂基本上採取慢板的節奏，有時會有特定的標題，就在標題後面加一個「慢」字，主要在凸顯拉長詠唱的效果。再下來是「破」，又稱為「舞遍」，表示節奏是比較快的，而且帶有舞蹈的意味。

這樣的安排可以對照西方古典音樂的奏鳴曲形式。奏鳴曲的第一樂章通常是快板，「散序」則一般運用快板、稍快板或行板的速度；奏鳴曲的第二樂章是慢板，「中序」也是慢板；奏鳴曲的第三樂章又回到快板，不過一般是輪旋曲形式，句子比第一樂章的要來得短，創造出更強烈的節奏感，而「破」或「舞遍」也是帶有舞曲般節奏的快板。

「歌頭」顧名思義是要在這段加入歌唱，「舞遍」顧名思義是要在這段加入舞蹈。舞跳過了，會有一段「歇拍」，讓原本激烈快速的節奏逐漸慢下來。最後則是一段「煞袞」，相當於西方音樂的尾奏（coda），表示準備要結束了。形式規定，大曲一定要收在「煞袞」，那是一個綿延的長音。

中國器樂的最高峰在唐代完成了，有龐大的編制，也有嚴謹的形式規則。這背後有宮廷的支持，還有宮廷所提供的訓練，才能演奏法曲和大曲。宮廷裡有兩個重要的機構，一是「教坊」，另一是「梨園」。梨園比較雜，有音樂、有舞蹈，後來更成為戲劇的中心；梨園中具備較佳音樂條件的，就送進教坊中進一步訓練；教坊裡表現最好的，才能再進入「法部」中深造。大量的宮廷資源投注在這裡面，才得以創造出這段中國音業史上的高峰。

07 旗亭畫壁，詩人和梨園伶人間的趣聞

晚唐薛用弱寫過一本《集異記》，全書雖然散逸不傳了，但在清代的《四庫全書》中留下了部分的段落，其中記錄了一則有趣的故事：

開元中，詩人王昌齡、高適、王之渙齊名。時風塵未偶，而遊處略同。一日，天寒微雪，三詩人共詣旗亭，貰酒小飲。忽有梨園伶官十數人，登樓會宴。三詩人因避席隈映，擁爐火以觀焉。……

說開元年間，三位大詩人王昌齡、高適、王之渙都很有名，而且三人都沒有固定的風塵女伴，會去找樂子的地方也大致相同。有一天，天冷下了點雪，三人一起到「旗亭」喝酒，突然有梨園的樂手十幾人也上樓來宴飲聚餐。他們三人就讓到一邊，靠近爐火看著。

俄有妙妓四輩，尋續而至，奢華艷曳，都冶頗極。旋則奏樂，皆當時之名部也。昌齡等私相約，曰：「我輩各擅詩名，每不自定其甲乙，今者可以密觀諸伶所謳，若詩入歌詞之多者，

則為優矣。」……

過了一陣子，有四名妙齡歌妓陸續到來，打扮得十分豔麗，穿戴極盡奢華之能事。接著樂手奏起音樂來，個個都是當時的好手。王昌齡等三人就私語討論：「我們都寫詩，平常很難依照自己的看法分辨誰寫得比較好、誰比較差，現在有了這個好機會，我們在一旁偷偷觀察幾名歌妓所唱的歌，誰的詩被選入當歌詞多的，當然就比較厲害了！」

俄而，一伶拊節而唱，乃曰：「寒雨連江夜入吳，平明送客楚山孤。洛陽親友如相問，一片冰心在玉壺。」昌齡則引手畫壁曰：「一絕句！」尋又一伶謳之曰：「開篋淚霑臆，見君前日書。夜臺何寂寞，猶是子雲居。」適則引手畫壁曰：「一絕句！」尋又一伶謳曰：「奉帚平明金殿開，強將團扇共徘徊。玉顏不及寒鴉色，猶帶昭陽日影來。」昌齡則又引手畫壁曰：「二絕句！」……

唱著唱著，一名女歌手真的唱出了王昌齡的詩，王昌齡樂得用手在牆上記錄：「一首絕句！」接著另一名女歌手唱了高適的詩，高適也記錄：「一首絕句！」再下來，又出現了王昌齡的詩，王昌齡趕緊在牆上加碼，說：「兩首絕句了！」

之渙自以得名已久，因謂諸人曰：「此輩皆潦倒樂官，所唱皆巴人下里之詞耳！豈陽春白雪之曲，俗物敢近哉？」因指諸妓之中最佳者曰：「待此子所唱，如非我詩，吾即終身不敢與子爭衡矣！脫是吾詩，子等當須列拜床下，奉吾為師！」因歡笑而俟之。……

這下王之渙可不開心了，他覺得自己出道成名這麼久了，怎麼會輸給另外兩人？他怏怏地說：「這些人啊，都是些過氣不入流的樂手，唱些不入流的歌詞！那些真正有水準的曲子，他們這種俗人哪有品味去接近？」於是指著歌女中長得最漂亮又唱得最好的一個，說：「她接下來唱的如果不是我的詩，我這一輩子從此就算輸給你們了！但如果她唱的是我的詩，那你們就乖乖給我下座，正式拜我為師！」

須臾，次至雙鬟發聲，則曰：「黃河遠上白雲間，一片孤城萬仞山。羌笛何須怨楊柳，春風不度玉門關。」之渙即揶揄二子曰：「田舍奴！我豈妄哉？」因大諧笑。諸伶不喻其故，皆起詣曰：「不知諸郎君何此歡噱？」昌齡等因話其事。諸伶競拜曰：「俗眼不識神仙，乞降清重，俯就筵席！」三子從之，飲醉竟日。

等啊等，等到那名梳著雙鬟的歌女唱了，一開口就是王之渙最有名的〈涼州詞〉，王之渙樂得嘲笑其他兩人：「你們這兩個鄉巴佬，我難道會錯嗎？」三個人因而大笑。那些歌手、樂手聽他們大笑，起身問：「不知道各位為什麼樂成這個樣子？」王昌齡他們說了原因。歌女們一聽趕緊拜下，說：「我們真是沒有眼光，竟然不認得幾位神仙，委屈各位過來跟我們坐一下吧！」三人答應了，一起喝酒喝到大醉。

08 宮廷音樂沒落，文人和音樂的關係提升

這應該是編出來的故事，現實上沒那麼巧吧。然而晚唐流傳這樣的故事，表示那是他們認定在那樣的音樂歌詩環境中，可能發生、甚至應該會發生的事。故事中清楚顯現了，音樂很發達、很普遍，不過主要還是宮廷中的娛樂，即使以詩入歌，詩人、文人他們還是欣賞者的角色，和音樂沒有直接的關係。

盛唐是這種情況。中唐有了劉禹錫，他蒐集民間音樂，作了一系列的〈竹枝詞〉。另外有白居易，他寫過一首〈夜琴〉詩：

蜀桐木性實，楚絲音韻清。調慢彈且緩，夜深十數聲。

入耳澹無味，愜心潛有情。自弄還自罷，亦不要人聽。

詩中反映了彈琴的優游心態。選擇「蜀桐」，看重的是木頭實在；選擇「楚絲」，因為可以讓聲音透明。在夜裡彈奏，彈出緩慢空疏的音樂。這種音樂聽起來很淡，情感、意味不是外露而是內在深潛的。自己彈琴愛彈就彈、愛停就停，完全沒有要給別人聽。

這樣的態度就是文人的，而非樂師、樂匠和音樂間的關係。

從這樣的變化聯繫下來，可以更清楚看見近世音樂的特色。宋代之後，宮廷音樂的水準大幅下降，相對也就愈來愈不重要。南宋的大詞人姜夔能夠自譜新曲，他曾經寫過一篇很有野心的文章，叫做〈大樂議〉。這是要呈給皇帝的奏議，主張應該設法恢復唐代的那種輝煌「大樂」，也就是宮廷音樂。文章中他既感慨又憤怒地描述了北宋以來宮廷音樂的沒落，編制沒人維持，演出水準低落，宴樂讓人聽了感到尷尬……。對他來說，那是有宮廷卻沒有宮廷音樂，但沒有像樣的宮廷音樂還能算是宮廷嗎？

悲哀的是〈大樂議〉呈上去之後，也沒人理會，沒有產生任何效果，空留下這麼一篇文章。不過宮廷音樂沒落卻不等於音樂沒落，而是近世的音樂表現形式不同了。這時出現的變化發展方向顯現在姜夔身上，也就是文人和音樂的關係比從前來得密切。過去詩人寫詩固然需要講究音樂性，但那基本上是語言的音樂性，而且近體詩有著嚴格的平仄與聲韻規律，遵循規律就能寫出有音樂性的詩，所以詩人本身不需要了解音樂，也不必自己去創造作品的音樂性。

到了宋朝流行「詞」，那是配合音樂、可以唱的歌詞。之所以不說「寫詞」而說「填詞」，因為詞有詞牌，詞牌代表一個特定的曲調旋律，必須依照曲調旋律的需要來寫句子。長句不能寫短，短句不能寫長，聲音稍有錯失，唱起來就難聽，或者就讓人聽不懂了。詞和音樂之間的關係，遠遠超過詩。

09 不為聽眾而奏，只能為知音而奏

宋代將寫詞的人分成三個等級。最低、最蹩腳的，是「依句填詞」，也就是用寫詩的方式填詞，不懂也不管曲調旋律，只記住一句幾個字，哪個字該是平聲或仄聲，哪一句該押韻，這樣來填詞。高一點的，是「按簫填詞」。宋代吟唱時最常見的伴奏樂器是簫，聽到了簫所吹奏的音樂，可以按照那樣的旋律來填詞。也就是知道如何配合旋律來安排上下詞句聲調，以及按照節奏調整字詞輕重。

最上等的，是像姜夔那樣的人才，能夠「按調填詞」，指的是他們可以選一個調，自己新創一段旋律，也就是自創詞牌，再用那個詞牌來填詞。他們實質上是具備作曲能力的音樂家。

文人透過填詞或其他形式碰觸音樂有了一定的傾向。「琴」成為文人音樂的代表，而宋代以降的「琴」，主要是獨奏樂器，不是用來伴奏或合奏的。如同白居易的那首〈夜琴〉中說的，那是一種自己演奏給自己聽的音樂。不是為了表演，不是為了取悅別人，演奏者同時也是聆聽者，連聽的人都不要了，當然更不會去參加合奏。

不假定有聽者的音樂，是用來抒發演奏者自我內在獨特感受的，因而如果有人能聽、也聽進去了，那就必然是「知己」，也就是和自己有同樣特殊感受、產生特殊感應的人。於是不假設聽者、不為聽者而演奏的音樂，就具備了潛在的功能——傳遞私密心聲與思想，給極少數極少數能接收到的人，在茫茫人海中找到「知音」。音樂不為「聽眾」而奏，只能為「知音」而奏，這才是真正的音樂，值得文人追求的音樂。

因此，近世中國的音樂取得了一種與人之間的內在親密。音樂和演奏者的人格、生命分不開。什麼樣的人在什麼心境下，就會演奏出什麼樣的琴音。沒有客觀的音樂，音樂不可能脫離特定的人格與生命而存在，音樂也因而是透明的，必然含藏並表現了背後的人格與生命。

琴是如此，棋、書、畫也是如此。文人文化將它們都內在精神化了，從而藉由琴棋書畫的活動，形成、培養文人自我的內在精神。

理解這樣的特性，我們可以回頭看一看前面提到的記譜問題。為什麼中國音樂沒有發展出有效、方便的記譜法，讓這些音樂可以在演奏的瞬間存在之外，還能藉由樂譜傳留下來得以重現？那恐怕不單純是沒有找到好的、對的方法，而是牽涉到更深層價值觀上的不重視，甚至抗拒。

音樂和個人有那麼密切的關係，伯牙與鍾子期的典範故事中，演奏者心裡想著山或想著水，就會演奏出不同的音樂，只對他自己和「知音」有意義，那麼要樂譜做什麼？音樂何必要讓別人演奏呢？於是我們明瞭了，中國音樂的記譜問題，關鍵不是「不能」，毋寧是「不為」。在文人文化的價值觀中，沒有將音樂記錄下來重現的強烈動機。

10 瓦舍、勾欄：市井音樂的興起

宮廷音樂式微後，文人音樂興起，「琴」成為自身獨立的一套「有意義」的音樂，於是琴也就和其他樂器區隔開來，自成一個範疇。相應地，其他諸如琵琶、二胡等樂器則仍保留為表演的工具。

原先在宮廷音樂中扮演重要角色的這些樂器，近世之後就被用來演奏市井音樂、世俗音樂。配合城市的快速發展，以及城市生活中的娛樂需求，商業性的表演活動大幅成長，於是音樂就具備愈來愈強烈的城市商業性質，和歌唱、戲劇發生愈來愈密切的混同、合作關係。

依據史料統計，唐朝時人口超過十萬的城市有十七個；到了北宋，這個數字快速成長到超過四十個。其中最大的是汴京，人口應該超過百萬。人口的聚集當然影響、改造了社會生活的樣貌。活絡的城市交易促進了普及的貨幣經濟，於是有了方便人群聚攏的市場，又有方便的貨幣可以收費。音樂與歌唱、戲劇的演出也就能從宮廷中脫離出來，形成商業性的活動。

北宋的城市生活中，「瓦舍」和「勾欄」愈來愈重要。「勾欄」指的是舞臺，而「瓦舍」也就是我們今天所說的表演廳。《東京夢華錄》中記載了汴京最大的瓦舍可以容納十三個勾欄，而其中最大的勾欄，舞臺邊最多可以容納一千人。那個時代的表演規模已經十分驚人！

瓦舍與勾欄的發展，進而改變了音樂演出的形式。西方音樂早期最主要的兩個演出場所，一個是宮廷，一個是教堂，這兩個地方牽涉到世俗和神聖的權威，其共通點都是具備特殊的條件能讓人安靜下來。所以音樂應該是要在安靜、專注的情況下演出的。建立了這樣的習慣，即便後來音樂離開了宮廷和世俗權威，轉而進入新興中產階級的生活裡，他們仍然保持習慣，在沙龍中基於對主人的尊重，安靜地聽音樂；等到建造了專業的音樂廳，也就連帶形成專業的規範，要求觀眾安靜。

宋代的瓦舍、勾欄可不是這樣。那是眾人聚集、不斷發出各種聲音的環境，音樂必須和這嘈雜的聲音競爭、對抗。於是一來單獨只有音樂不足以吸引觀眾的注意力，那就不只要唱，還要有動作，「無歌不舞」，邊唱邊演，邊唱邊跳。如此產生了近世劇場中音樂、歌唱與戲劇的細密精巧融合。

二來，為了控制場子，就必須讓音樂有較大的音量。樂器中音量比較小的，就逐步讓位給音量較大的。音量最大、最清楚的，顯然是打擊樂，所以鑼鼓點就脫穎而出，變成中國商業演出形式中的實質領導。相對地，音量最小的弦樂，不只數量要增加，而且主要運用在「文場」，也就是那種確定有把握觀眾能夠安靜下來、可以表現感情的段落。

11 雜劇到戲曲：近世社會輝煌的表演風格

宋代開始發展出「雜劇」，到了元代大盛。雜劇之「雜」，在於混和了好幾種形式。不同的表演形式最早是輪流上場的，最前面有「豔段」，接著是「正雜劇」，然後是「散段」。「豔段」最早是雜耍，取其熱鬧特性，得以將觀眾吸引進來。後來演變為大型歌舞。這樣的安排主要是那個時代沒有準確的時間觀念，要讓觀眾陸續進場，進來了就先看這些沒有情節順序、隨時可以觀賞享受的表演。

然後是「正雜劇」，有歌有舞有戲。戲劇是有情節的，要引人入勝當然得靠情節前後連貫。可是前後連貫的劇情在那樣的環境條件下又產生問題：如果有人進場遲到，就看不完整、甚至就看不懂了。一種解決的辦法是，遲到的就不准進場，但在那個沒有普遍嚴格計時工具、缺乏共同時間觀念的社會裡，這種辦法不容易行得通。所以要找別的辦法。

於是又有「散段」，也叫「雜扮」，那是獨立於正戲之外的詼諧、搞笑段落，在最後上演。這可以讓晚進來的人有理由坐下去，為了等著看散段，不會因為正戲看不完全，或是看得迷迷糊糊就不願意看了。還有一種更有效的方法，叫做「定目劇」，也就是同樣的劇情反覆搬演，重點不在劇情的懸疑，即使知道劇情內容的人，都可以為了歌舞或其他原因，再看第二次、第三次。當他看第二次、第三次的時候，也就不會計較是不是錯過開場，到底是從哪一段看起了。

要讓知道劇情的人還想再看，那就要有精彩的歌和舞，還要有舞臺上的明星，從這樣的考量出發，刺激出了中國近世社會輝煌的「戲曲」表演風格與文化。

戲曲的原則是「有聲皆歌，無動不舞」，盡量將聲音和動作都美學化、技巧化，和日常的語言行為區別開來，也就是用特殊的音調說唱，做平常不會有的特殊身段動作。如此增加戲劇的內容，甚至轉而成為戲劇的主要吸引力所在，擺脫了對劇情的依賴，一方面不需要編那麼多不同的情節，另一方面增加觀眾進場觀賞的多元動機。

戲曲的複合形式成為主流，相對地，純粹音樂、只有聲音、訴諸耳朵聽覺的藝術，在近世中國社會就停滯了。純粹的音樂只保留在文人文化的琴音中，由少數人傳承，也刻意強調只有少數人能理解。大多數人接觸樂器產生的聲音，都是透過戲曲。「音樂」這個概念，要等到近現代時期，受到西方外來文化衝擊影響之後，才被重新定義、重新建立。

第六講

「棋」：中國的遊戲生活

01 棋：唐朝宮廷子弟教養的重要項目

中國中古時期的貴族文化，在世族沒落後，一部分由皇家、朝廷繼承獨占；到了近世之後，逐漸「由官入民」，進入民間。「由官入民」的一個關鍵，是科舉所形成的文人集團，以及這個集團的高度階級流動性。很多人藉由科舉進入這個集團，得以參與這樣的文化活動，學習文化內容。「由官入民」的另一個關鍵，則是熱鬧的城市商業環境，讓一部分的人可以藉由商業管道，取得這些過去由朝廷或貴族獨占的文化活動與文化內容。

唐朝時在宮廷裡有一個「內文學院」，「文」指的是文化，即人應該具備的人文修養，「內」則強調是特別針對「自己人」。皇帝的自己人，那就是宗室子弟。所以這是特別為李姓宗室子弟設立，讓他們能具備基本人文修養的學校。內文學院裡有些特殊的教育項目，除了經、史之外，還有書、畫和棋。這裡的「棋」指的是我們今天所說的圍棋。到了唐朝，「棋」就已經建立為宮廷教育、宮廷子弟教養的一個項目，而且是頗為重要的項目。

《新唐書．李泌傳》中有這麼一段記錄。唐玄宗開元十六年（西元七二八年），農曆八月五日，這天是皇帝的生日，舉辦了一場特別的活動。找了一些人，讓他們在一個高臺上高談闊論，就佛、道、儒的主張提出解釋、彼此辯難，類似自由形式的辯論大會。朝廷裡有位有權的王公大臣在臺下當觀眾，也當評審。甚至連皇帝也在。

這場高臺辯論會上出現了特殊景象，來參加的人之中，最年輕的，應該說最小的，是只有九歲的員俶。然而論辯下來，竟然是這個才九歲的傢伙口才最好，於是得到了皇帝親自召見的榮寵。皇帝對員俶讚譽有加，稱許他年紀那麼小竟然知識淵博，還懂得有效表達，順口問：「有別的小孩像你這麼厲害的嗎？」這應該是皇帝的一種讚譽表示吧，不料員俶卻認真地跪拜回答：「有啊，我表弟李泌才七歲，就比我厲害。」

這當然激起了皇帝的好奇，就傳李泌進宮。李泌進宮時，皇帝當然不會慎重其事，而是一邊和燕國公張說在看人家下棋，一邊接見李泌。皇帝就叫張說出個題目，考考看這小孩是不是真的有本事。張說於是叫李泌用「方圓動靜」作首詩吧！

李泌領了題卻沒有馬上回答，問張說可不可以把題目說得清楚一點。張說大概覺得這小鬼頭哪有什麼能耐，就立即示範答題的方式：「方若棋局，圓若棋子，動若棋生，靜若棋死。」很明顯地，題目是從棋局裡來的。弄明白後，李泌立刻回應了四句：「方若行義，圓若用智，動若騁材，靜若得意。」張說的四句講棋，李泌的四句卻是講人，做事情要有原則，要能靈活運用知識和智慧，表現才能時當然要動，擁有成就時卻應該沉穩安定。

即席能作出這四句，的確厲害啊！張說就向皇帝恭賀得到了這樣一位神童人才，皇帝也很高興，給了一句評語：「這個孩子的精神年齡，大過他的身體成長啊！」給了獎勵，又特別吩咐家人要好好照顧、栽培這個小孩。

02《集異記》中棋痴王積薪的一段奇遇

這個故事鮮活地說明了為什麼在內文學院裡，「棋」會是重要的教育科目。因為「棋」具備高度象徵意義，方、圓、動、靜都包括在裡面。這個故事同時也顯現了，到唐朝時圍棋的形制就已經固定下來，和我們今天所用的沒有太大差別。

中國的棋盤是從「十一道」，也就是縱橫各十一行開始擴張的。到唐朝時就擴增到「十九道」，也就是今天所使用的十九乘十九的規模。棋盤一定是方形的，重要的是到這時候棋子已經變成圓的。漢代揚雄《法言》裡的記錄是「斷木為棋」，將木頭削切下來就可以當棋子用。圍棋棋子的作用在標示、占據位子，究竟什麼形狀其實沒有差別，然而在歷史的發展中，慢慢地有了將棋子磨圓的做法。因為方與圓的巧妙對應，後來就讓棋子固定為圓形了。

李泌入宮時，皇帝和燕國公正在觀看的，很可能是「棋待詔」在對弈。這是唐玄宗時設立的一個官職，其職務就是陪皇帝下棋或下棋給皇帝看。棋待詔的官品不高，是九品，但如果皇帝愛好下棋，就可以常常見到皇帝，進而產生影響。有一個原先以棋待詔進宮的王叔文，就是懂得把握機會，得以平步青雲，在順宗時掌控大權。

王叔文靠著當棋待詔崛起，顯然棋應該下得不錯，不過當過棋待詔的諸人中，棋名最盛、有下棋的傳奇名聲的，首推王積薪。據說他之所以叫「積薪」，是因為小時候既靈巧又勤勞，砍柴的時候一下子就在身旁堆起砍好的木頭，明顯地領先其他一起砍柴的人。

王積薪是個棋痴，即使考上棋待詔，還是常常拿著裝了棋子和捲起來的棋盤的皮囊跑出去，到處找人下棋。如果有人能下贏他，他就請人家吃飯。

《太平廣記》收錄了薛用弱《集異記》中的一則故事：

玄宗南狩，百司奔赴行在，翰林善棋者王積薪從焉。蜀道隘狹，每行旅止息，道中之郵亭人舍，多為尊官有力之所先。積薪棲無所入，因沿溪深遠，寓宿於山中孤姥之家。但有婦姑，止給水火。……

安史之亂發生後，長安淪陷，唐玄宗倉皇出走，朝廷官員必須想辦法跟著上路。那時候王積薪的職位是翰林。從關中進入四川，道路狹窄艱難，遇到要停歇休息時，官位比較高的就搶先占了驛站和旅店。王積薪沒地方住，只好沿著溪一直走、一直找，找到山裡一個老太太家，家中只有婆媳兩人，也無法提供什麼招待，只有給水和可以自己燒飯的火而已。

才瞑，婦姑皆闔戶而休。積薪棲於檐下，夜闌不寢。忽聞堂內姑謂婦曰：「良宵無以適興，與子圍棋一賭可乎？」婦曰：「諾。」積薪私心奇之，堂內素無燈燭，又婦姑各在東西室。

積薪乃附耳門扉，俄聞婦曰：「起東五南九置子矣。」姑應曰：「東五南十二置子矣。」婦又曰：「起西八南十置子矣。」姑又應曰：「西九南十置子矣。」每置一子，皆良久思維。夜將盡四更，積薪一一密記，其下止三十六。忽聞姑曰：「子已敗矣，吾止勝九枰耳。」婦亦甘焉。……

夜深了，婆媳都關了門歇息。王積薪只能待在外面屋簷下，一直睡不著。突然聽見屋裡婆婆對媳婦說：「這麼好的夜晚，應該找點樂子吧，可以跟你賭一局棋嗎？」媳婦說：「好啊！」王積薪覺得奇怪，屋裡沒有點燈，婆媳的聲音又一個在東、一個在西，顯然待在不一樣的房間，那要怎麼下棋？好奇心一起，他就將耳朵貼在門上聽裡面的動靜。

一會兒，媳婦說：「我下在東五南九。」接著婆婆說：「我下在東五南十二。」媳婦又說：「我下在西八南十。」婆婆說：「我下在西九南十。」原來兩個人竟然不需棋盤，在黑暗中用說出落子位置來下棋！兩人下得很慢，王積薪一邊偷聽一邊記下，到四更才下了三十六手。突然婆婆說：「你輸了，不過我也才贏九目啦。」媳婦也甘願認輸。

積薪遲明具衣冠請問。孤姥曰：「爾可率己之意而按局置子焉。」積薪即出囊中局，盡平生之祕妙而布子，未及十數，孤姥顧謂婦曰：「是子可教以常勢耳。」婦乃指示攻守殺奪救應防拒之法，其意甚略。積薪即更求其說，孤姥笑曰：「止此亦無敵於人間矣。」積薪虔謝而別。……

天明之後，王積薪慎重其事地穿好官服向婆媳請教。老太太說：「你隨意擺一局棋來看看。」王積薪把皮囊拿出來，在上面擺了自己畢生所學過、想過最巧妙的棋局。才擺了十幾手，老太太就對媳婦說：「這傢伙是可以教一般等級的。」於是媳婦就稍稍說了一些攻守殺奪、救應防拒的方法，也沒有講得很詳細。王積薪請求她們多教一點，老太太笑著說：「光是這樣已足以在人間沒有敵手了。」王積薪誠敬地道謝離去。

行十數步，再詣，則失向來之室閭矣。自是積薪之藝，絕無其倫。即布所記婦姑對敵之勢，罄竭心力，較其九枰之勝，終不得也。因名「鄧艾開蜀勢」，至今棋圖有焉，而世人終莫得而解矣。

才走了十幾步，想要回頭再問，原來的那間屋子竟然就找不到了。有了如此神遇，後來王積薪的棋藝果然大進，再沒有對手。他將婆媳夜弈的棋譜背出來擺開，想破了頭卻終究無法下出婆婆可以贏九目的結果。因為是在蜀地得到的棋譜，他就用三國時鄧艾的典故，將這局棋取名為「鄧艾開蜀勢」，至今棋圖留著，但沒有人能解出下法來。

03 何謂十訣？棋譜讓下棋超越了現實時間

在王積薪身上附麗這樣的神鬼故事，主要因為他的確有棋史上的特殊地位。他寫了《棋訣》，教人家如何下棋。有一份重要的「十訣」，據說就是他訂定的。那是下圍棋的十項要訣，至今許多圍棋老師都還會教的，許多下棋的人也會放在心上參考。

這十訣分別是：第一，「不得貪勝」，下棋不要單純為了求勝，不要抱持那麼重的勝負心，老是想贏棋就下不好。第二，「入界宜緩」，要進入別人已經圍起來的空間，就不能急躁，要沉穩。這就聯繫到第三條「攻彼顧我」，眼中不能只顧著要如何攻擊對方，如何搶占別人的空間，一定要同時看清楚，對方是不是布了什麼局勢，可能對你產生怎樣的威脅。

第四條是「棄子爭先」，如果能夠搶得先機，取得主動，逼迫對方跟隨反應，那就不要吝嗇已經下在棋盤上的子，寧可讓對手吃掉，換來牽著對手走的優勢。相關的輕重判斷，還有第五條「捨小就大」，盤中一定會分成幾塊區域，能夠在大區域得到好處，就不要斤斤計較小區域。

第六條是「逢危須棄」，也就是不要勉強去救已經被包圍、很危險的區域，要懂得適時放棄，到別的地方另起爐灶、另占地盤。第七條是「慎勿輕速」，下棋最忌諱求快，下得快就必然容易輕忽，沒有考慮周詳。圍棋有太多可能性，所以需要許多思考，愈是高手對弈，往往愈是下得慢，不時會陷入長考。以至於職業棋賽都要計算時間，將分配的時間用完了，就必須在一分鐘內下一子，也就是這裡說的「速」。而這樣下快棋的一方，也就很難贏棋了。

第八條是「動須相應」，下棋不能只有單一目標、單一考量，那是動態的過程，後面下的必須和前面下的有所配合、有所呼應。第九和第十條都是衡量對手實力後選擇策略的原則。「彼強自保」，是說如果對手明顯比你厲害，那下棋時就盡量採取守勢，不要傻傻地進攻，先守住了，少輸一點，也許還有機會靠對方犯錯而取勝；「勢孤取和」，是說如果盤面中間位子已經被對方站穩了，自己的區域被分隔孤立，那就別再想著取勝，而是朝著如何爭取和局來考慮。要懂得判斷即使不能贏，還有機會爭取不輸。

這十條原則，每一條都在講如何下棋，但同時每一條也都能夠拿來運用在下棋以外，應對人生的許多領域與狀況。即使是對不下棋的人，也可以有提醒、警示的作用。

如此，圍棋從當下、現場的活動延伸出來，可以記錄，也就可以談論。下棋這件事從原本只發生在 real time 當中，變得超越了現實時間，取得了 timeless 的性質。不受下棋的現場限制，可以在不同時間、不同地方被叫喚出來研究，也可以在不同時間、不同地方由不同的人接續下去，改變原有的下法。

04 圍棋的傳說神祕感和兵法化比擬

從唐朝開始，圍棋不只是遊戲，還取得了更豐富的意義。連帶地也就開始出現圍繞著圍棋而產生的種種傳說，更增添圍棋的神祕感，以及從神祕感而來的分量。

後世流傳了一則虯髯客和李世民下棋的故事。說虯髯客原本是隋末的一位俠客，認識了晉陽縣令劉文靜。劉文靜和李世民關係密切，兩人時常關起門來討論當時的天下大勢。為了怕人家偷聽，兩人就假裝是在下棋。

有一天虯髯客去找劉文靜，央求他代為引見李世民。劉文靜就問李世民：「有一個人想跟你下棋，可以嗎？」李世民答應了。虯髯客來了，和李世民對座下棋。一開始，虯髯客就將四枚黑子放在四個角的星位上，然後說：「老鬍子我『四子占四方』。」李世民持白子，下在正中央的「天元」位子上，然後說：「小子我『一子定乾坤』。」棋局未完，虯髯客就表示拜服，打消了自己想要在隋末亂局中爭雄的念頭，甘願追隨李淵和李世民父子。

這當然不是真正的棋局，而是用棋局來做比喻，表達看法。杜甫〈秋興八首・其四〉也說：

聞道長安似弈棋，百年世事不勝悲。王侯第宅皆新主，文武衣冠異昔時。

直北關山金鼓振，征西車馬羽書馳。魚龍寂寞秋江冷，故國平居有所思。

詩中一開頭就用下棋來比喻時局，形容其難以捉摸，百年之中，就像原先白子所占的地方，如今都換成黑子了。因而要表達人生難以掌握、時局難以控制，最適合用圍棋做比喻，因為圍棋的變化可能性最多，幾乎無法估算。

唐朝有王積薪，宋朝也有大棋手劉仲甫。劉仲甫是另一個棋痴，人生最大的志願就是考上「棋待詔」。到了宋朝，考試制度愈來愈完備，就連棋待詔也有正式的考試，而且就像科舉的所有項目一樣，要考棋待詔的人也大幅增加，很難考取。

宋人何薳的《春渚紀聞》中就記錄了這麼一則故事：劉仲甫想知道自己的實力究竟如何，是否達到足以考上棋待詔的程度，就前往極為繁榮的大城市錢塘，每天早出晚歸，觀看當地高手對弈。幾天後，他忽然在旅館門前掛上一面牌子，囂張地寫著「江南棋客劉仲甫，奉饒天下棋先」，再將身家財產換了三百兩銀子，買了價值三百兩的銀盆酒器，表示誰有本事能下得贏「奉饒天下棋先」，誰就可以將這些東西帶走。

錢塘市裡引起了騷動，有好事者就去找來一位他們公認最會下棋的人，當地富豪更聚資準備了三百兩，表示也不占劉仲甫的便宜，要跟他對賭，輸贏三百兩。兩人開始下棋，下到五十幾手，劉仲甫已經屈居下風，下到一百手，來挑戰的這個人得意地說：「局勢已定，不用再下了。」劉仲甫卻說：「勝負未卜，勝負未卜。」又多下了二十手，劉仲甫突然舉起手來，一下子將棋局打翻了！

四周圍著那麼多人看，當然為之譁然。怎麼可以沒風度到這種地步，覺得局勢不利，沒有等到下完就搗亂棋局？輸不起耍無賴嗎？劉仲甫解釋，自己絕對不是輸不起。接著他重整棋盤，開始從到錢塘之後所觀看的第一局棋擺起，從第一手下，一路下，然後說：這局白子本來會大勝，卻在哪一著失誤了；再擺第二局，又從第一手開始，然後說：這局黑子已經有勝勢，可惜哪一子沒下好……。就這樣，他將之前所看的十幾盤棋記得清清楚楚，分析得頭頭是道，藉由這種方式證明自己絕對不是為了要毀棋，所以翻了棋盤。

他當然有本事將剛剛的那一盤棋原原本本地擺回來。然後他說：「你們都以為我輸了，但我知道我能贏，你們有人能想得出我可以贏的下法嗎？」這變成考試了。周圍的人七嘴八舌給意見，等有意見的人都說完了，他竟將棋子下在沒有任何人想到的位置，接著更清楚預言，二十手之後是關鍵。

於是兩人繼續下棋。果然下到二十多手後，棋局逆轉，終局劉仲甫勝十三目。哇，這真的很傳奇！兩個人下了一百二十手左右停下來，再下到一百五十手左右，竟然還有一方能大勝十三目，以我有限的棋力，怎麼想都想不透如何有可能。

劉仲甫留下了一本書，也叫做《棋訣》，而且書中有一個開創性的寫法。他將書分成四章，分別是〈布置〉、〈侵凌〉、〈用戰〉和〈取捨〉。標題就顯示得很明白，他用的都是軍事上的術語。宋朝的新流行，是以軍事、兵法來比擬、討論、理解下棋。

05 王安石的「道我贏」與蘇軾的「敗亦可喜」

參與宋朝開國的宋太宗趙光義喜歡下棋，影響所及，很多大臣也下棋，在文人圈廣泛流傳，因而使得棋的意義更為寬廣，也更為深遠。宋詩有一項在唐詩中比較少見的題材，就是關於下棋。例如王安石寫的詩，詩題就叫〈棋〉：

> 莫將戲事擾真情，且可隨緣道我贏。
> 戰罷兩奩收黑白（或作「分白黑」），一枰何處有虧成。

不過就是遊戲嘛，不要那麼認真，只是隨俗依照規則說我贏了。下完棋不就是把黑白兩種棋子都收回棋盒裡，有誰多了一顆子，誰少了一顆子嗎？再看看棋盤上，可真的有哪裡多了一塊，哪裡少了一塊嗎？

下棋都說輸贏、勝負，但棋最大的特色就是下完了重回原狀。棋局中吃了多少顆，又怎麼樣呢？終究還是黑子歸黑子，白子歸白子，盒子裡不多不少。棋局中說這塊我的、那塊你的，占了還是失了，但看看，棋盤不還是長那個樣子，十九條橫線，十九條直線，整整齊齊，有哪裡被占走、拿走了嗎？所謂輸贏，不過就是依照棋局中的俗念說說罷了。

這很豁達啊，可說看到了棋局的遊戲本質。然而詩中第二句「道我贏」三個字，畢竟還是顯露出王安石好勝的本性。他是多麼好鬥又不願輸啊，要不然也就不會環繞著他發生北宋最嚴重的「新舊黨爭」了。這詩是以「我贏」的狀態為前提寫的，意思是你們覺得我贏了，所以計較、不舒服，何必呢？現實上我也沒多得一顆子，也不可能真的拿走一塊棋盤，你們就看開點吧！這是要人家看開的豁達，而不是自己輸了就輸了，沒有什麼好在意的那種豁達。

據說王安石最喜歡和葉致遠下棋。葉致遠的棋力比王安石高一點，但他有一個美德習慣，如果自己占了優勢，局面看起來王安石要輸了，他就會找藉口對王安石說：「宰相，今天就下到這裡吧！」王安石每次都會拒絕，強調說：「頭可斷，棋不可斷！」那就繼續下吧，結果當然是王安石輸了，王安石就故作無奈地感慨：「人幹嘛下棋呢？不就是有了點閒時間，要讓自己放鬆休息一下，卻愈下愈煩惱啊！」

王安石寫過一首很長的古詩，超過了一百句，標題是「用前韻戲贈葉致遠直講」，詩中很大一段內容就是在講棋的，可以名列談棋的文學作品中的經典。

同樣留下了以下棋為主題詩作的，還有蘇東坡。不過他明白講他不愛下棋，他愛的是看人下棋。他寫過〈觀棋並序〉，而且這首詩採用了早就不流行、非常稀奇的四言形式，創造出一種復古魏晉的風格：

五老峰前，白鶴遺址。長松蔭庭，風日清美。
我時獨遊，不逢一士。誰歟棋者？戶外屨二。
不聞人聲，時聞落子。紋枰坐對，誰究此味。
空鉤意釣，豈在魴鯉。小兒近道，剝啄信指。
勝固欣然，敗亦可喜。優哉游哉，聊復爾耳。

詩所描述的情境，甚至不能說是「觀棋」，是獨自走在路上，聽見人家在屋裡下棋落子的聲音。到底是誰在下棋呢？唯一能知道的，只是門外的兩雙鞋。從這樣的情境中體會出後世著名的成語「勝固欣然，敗亦可喜」。

06 棋藝與人格價值，圍棋也有「九品」

棋進入了文人文化中，另外一項發展是重新整理了棋的系譜。將過去文獻中提到棋、和棋有關的都收納連結起來，重新詮釋其意義。

《孟子・告子》中這一段就被凸顯了：

今夫弈之為數，小數也；不專心致志，則不得也。弈秋，通國之善弈者也。使弈秋誨二人弈，其一人專心致志，惟弈秋之為聽。一人雖聽之，一心以為有鴻鵠將至，思援弓繳而射之，雖與之俱學，弗若之矣。

下棋雖然只是小道、小工夫，但如果不專心，就下不好。戰國時，有一位大棋手弈秋。如果讓弈秋同時教兩個人下棋，一個很認真聽弈秋教的，另一個卻一邊聽，一邊想著天空裡可能要飛來鴻鵠大鳥，自己可以拿著弓，對著鳥射出綁了繩子的箭，用這種方式來獵鳥。那麼毫無疑問，兩個人學下棋的成果一定很不一樣，同時學、同樣教，但後面那個就不如前面的。專心的一定學得比不專心的好。

這裡特別凸顯出來的，是圍棋的規則格外簡單，任何人都不需要費腦筋就能學得會，然而就連規則如此簡單、如此純粹的遊戲，要能進步、要能下得好，都必須依靠專心、專注。如果以下棋來推想人生中所有的其他學習、其他能力訓練，那就更不能忽略專心的作用了。

到了魏晉時期，「九品中正制」大為流行，「九品」成為品評人才的慣例，於是就有人將下棋的能力照樣分為九品。影響所及，到今天職業棋士的品級也還是從一段排到九段。到了近世文人手中，又將品級觀念予以擴大，從單純的棋藝發展為廣義的人格與文化價值。

明朝許谷的《石室仙機》一書中，解釋了「九品」的其中七品，第八品下中的「若愚」、第九品下下的「守拙」等級太低了，所以省略過去。第七品下上是「鬥力」，指「受饒五子，動則必戰，與敵相抗，不用其智而專鬥力。」和最上等的棋力相差五子，人家得讓你五子才能下，眼中看的都是要進攻對方，沒有布局的遠見和智慧，對手下到哪裡，他就跟著鬥到哪裡。

第六品中下是「小巧」，「受饒四子，不務遠圖，好施小巧。」差了四子的功力，下棋有小聰明，不會那麼直接爭鬥，但就只能往前看幾手，沒有耐心算到更後面的可能變化。第五品中中是「用智」，「受饒三子，未能通幽，戰則用智以到其功。」棋力差三子，熟習一般規則的運用，能在其中靈活地安排，收到一定的效果，不過不懂得出奇制勝的意外手法。

第四品中上是「通幽」，「受高者兩先，臨局之際，見形阻能善應變，或戰或否，意在通幽。」棋力差兩子，具備下棋現場即興變化的能力，不會拘泥一定的布局或下法，看對方如何下而隨機應變，有時候攻、有時候守，讓對手無法捉摸。第三品上下是「具體」，「入神饒一先，臨局之際，造形則悟，具入神之體而微者也。」棋力只差一子，能夠領悟棋局的基本勢力動態，已經具備第一級棋手的「體」，也就是走上了對的路，但還沒有累積足夠的規模，算是小一號的一等棋手。

第二品上中是「坐照」，「入神饒半先，則不勉而中，不思而得，至虛善應。」和最高等級只有半子的差距，下棋可以不用殫思極慮，用直覺就能下到對的位置上，不必謀算就能得到優勢，沒有先入為主的下法，瀟灑地臨場應變。

最上等的第一品上上，那是「入神」，「變化不測，而能先知，精義入神，不戰而屈人之棋，無與之敵者。」就真的是神啊，下棋隨時都能預見棋盤的變化，一股精神的力量灌注在他所下的棋上，使對手感受到龐大的壓力，還沒落子就先輸了一截，因而沒有人能下得贏他。

07 從西方美學教育看圍棋遊戲的「不可測」

法國結構主義人類學家李維史陀（Claude Lévi-Strauss, 1908-2009）在分析食物時特別強調，不同的文化對於哪些食物可以吃、哪些不能吃，什麼食物應該和什麼食物一起吃、或絕對不能一起吃，什麼場合和什麼人在一起適合吃什麼食物等，都有特定的觀念與規定。這說明了社會文化對待食物不只講究 good for eating，更要求 good for thinking。

我們可以借用來說，中國文化中的圍棋，不只是 good for playing，更重要的是 good for thinking。歷史上有很多好玩的遊戲，然而當考慮 good for thinking 的標準時，那麼在文人心中就沒有任何遊戲可以和圍棋相比。針對圍棋，文人建構了眾多的聯想與隱喻，使得圍棋和例如麻將明確地區別開來，附加了一層又一層，不斷堆疊、不斷增長的意義。

德國哲學家席勒（Johann Christoph Friedrich von Shiller, 1759-1805）曾經以信件的形式寫過關於美學教育的重要觀念，[10]其中最響亮的一句名言是：「人只有當他在遊戲的時候，才有機會變成一個完全的人。」這句話特別凸顯了遊戲的重要。對席勒來說，遊戲最重要的特性就是「無目的」，或者說遊戲本身就是目的，而不是達成其他目的的手段。遊戲一方面是無用的，但另一方面，遊戲卻會刺激出我們最大的熱情，在遊戲中釋放出專注的身心能力。

席勒強調遊戲有一種「形式之美」。在這裡，他的概念是追隨康德（Immanuel Kant, 1724-1804）而來的，比如在我們眼前有一塊花紋極其繁複華麗的波斯大掛毯，和歐洲中世紀掛毯最不一樣的地方，在於我們不會在那花紋中看到一名少女、一隻獨角獸、一座宮殿或一池噴泉。但我們會因此覺得波斯掛毯不美嗎？不，我們一定能夠領受到其中和具體事物形象很不一樣的一種美，那就是「形式之美」，一種離開了現實而彰顯出來的純粹形象之美。

遊戲也是如此。應該說有一種遊戲，遠離了現實，沒有任何用處，因而所提供的就是這種「形式之美」的經驗。我們在這種遊戲中能夠得到抽象的、純粹的美的體驗，那就成為最好的美學教育。

二十世紀最偉大的德國小說家赫塞（Hermann Hesse, 1877-1962），晚年最重要的經典作品

10 可參考〔德〕弗里德里希·席勒著，謝宛真譯，《美育書簡》（臺北：商周出版，二〇一八年。）

《玻璃珠遊戲》(*Das Glasperlenspiel*),就是依據席勒的理論,虛構、假想了一種流傳久遠的遊戲,能夠讓人不只探觸到美,甚至因為其巧妙脫離現實而趨近自然理型的性質,還可以使人從中領悟哲學與人生真理。

真實世界裡曾經存在過的遊戲,最接近赫塞小說所設定性質的,應該就是圍棋吧!圍棋也符合席勒對於遊戲與藝術關聯的一項重點,那就是「不可測」。遊戲沒有公式,玩遊戲的人也不會想要去整理公式,因為照著公式玩,很快就能預見結果,那有什麼好玩的?對席勒來說,藝術之所以為藝術,和人間其他事物的不同之處,就在於它一直不斷地提供「不可測」的變化,一直在追求、創造「不可測」。正因為對於生活中的其他事物我們都要求可測、可掌握的安全感,所以特別留下遊戲和藝術的領域,提供我們「不可測」才能有的刺激。

圍棋只有黑子和白子,輪流下在線條交叉的「目」上,勝負卻取決於所圍起來的面積。棋局中任何一個狀態,從不同角度看,每塊區域的包圍、占領方式也會不同,必須藉著棋子愈下愈多,空間愈來愈小,才逐漸確定黑子、白子所占領的範圍。這是多麼「不可測」,瞬息改變局勢的遊戲啊!

08 圍棋的模糊曖昧與象棋的相對具象

除了圍棋之外，中國傳統遊戲還有「象棋」。從名稱上可以看得出來，相較於圍棋，象棋是比較晚出現的，而且應該是外來的。何以認為是外來的？因為中國本土很早就沒有「象」了，周代以後中國認識的象基本是從南亞來的。另外更明顯的像是其中的「炮」，那也不是早期戰爭中會用到的武器。因而有考證主張，象棋應該是從西域或南亞在唐朝時傳入的，至於以我們今天熟悉的模樣開始盛行流傳，是北宋之後的事了。

象棋晚出，尤其到了文人文化發達的近世時期，象棋也步上圍棋後塵，有著類似的發展情況。前面提過王積薪的「圍棋十訣」，到了南宋，出現了「象棋十訣」，其具體內容是：第一「不得貪勝」，第二「入界宜緩」，第三「攻彼顧我」，第四「棄子爭先」，第五「捨小就大」，第六「逢危須棄」，第七「慎勿輕速」，第八「動須相應」，第九「彼強自保」，第十「我弱取和」。很明顯和圍棋的棋訣高度重疊。

南宋洪邁是撰寫《容齋隨筆》的大文人，據傳他留下了一部《棋經論》，其中一篇是「合戰」，這個主題在劉仲甫的《棋訣》和北宋另一位棋士張擬的《棋經十三篇》中也都有。不過圍棋的「合戰」講的是形勢，是區域的攻防；換到象棋上，就必須有所調整，於是就出現了前面文字沿用《棋經十三篇》，後面改成：「車前馬後，發炮逐卒，如電掣雷轟；炮輔卒行，逼近士象，如狼奔虎躍。」

圍棋是抽象的，不需要描述白子黑子，可以從戰略角度討論局勢的攻防與變化；象棋卻不是這樣，每個棋子都有對應的具體名稱與形象，整體的規則落在吃子爭勝上，也沒有那麼抽象。

如此對照出圍棋的特殊之處。圍棋的棋經雖然講的是如何下棋，但主詞是模糊曖昧的，很容易可以代換，改變為人生中對應其他問題時的態度與策略。象棋相對較為具象，在這方面沒那麼好運用，顯得笨拙，要將車、馬、炮轉化到別的事物上，就受到很大的限制。因而儘管有些喜愛象棋的人，努力想將象棋的地位提升到和圍棋一樣高，但不太可能成功。不是象棋沒那麼好玩，而是象棋沒有那麼豐富的思想延展性。

下圍棋的人喜歡引述南朝梁任昉《述異記》中的故事：

> 信安郡有石室山。晉時，王質伐木。至，見童子數人棋而歌，質因聽之。童子以一物與質，如棗核。質含之，不覺饑。俄頃，童子謂曰：「何不去？」質起，視斧柯爛盡。既歸，無復時人。

故事說晉代王質到石室山上去伐木，看到有幾個小孩邊下棋邊唱歌，他就在那裡聽。小孩給王質一種像棗核的東西讓他含著，肚子就不覺得餓了。過了一陣子，小孩催他：「怎麼還在這裡？還不走？」王質才想到的確該走了，但起身要拿斧頭，卻發現斧頭的木柄已經爛光了。回去之後，村子裡同時代的人都不在了。

這則故事和前面提到的席勒「遊戲理論」有相通之處，那就是遊戲使人格外專注，正因為不是功利、功能的，所以人會在遊戲中忘我，同時也遺忘了時間。

相對地，下象棋的人就找到了唐代牛僧孺《玄怪錄》中的故事：

有巴邛人，不知姓名，家有橘園。因霜後，諸橘盡收，餘有兩大橘，如三斗盎。巴人異之，即令攀橘下，輕重亦如常橘。剖開，每橘有二老叟，鬢眉皤然，肌體紅潤，皆相對象戲，身長尺餘，談笑自若，剖開後亦不驚怖，但相與決賭。……

有人在自家的橘園裡收成橘子，霜後其他橘子都採收完了，樹上卻留下兩顆特大的橘子，看起來很奇怪，便叫人去摘下來，雖然大得像盆子，重量和一般橘子也差不多。打開來，每顆橘子裡面都有兩個老頭，白髮白眉，但皮膚紅潤，只有一尺多高，而且兩兩對坐在下象棋。他們自在談笑，即使橘子被剖開了也毫不害怕，繼續下棋賭輸贏。

決賭訖，一叟曰：「君輸我海上龍王第七女髲髮十兩、智瓊額黃十二枝、紫絹帔一副、絳臺山霞寶散二庾、瀛洲玉塵九斛、阿母療髓凝酒四鍾、阿母女態盈娘子躋虛龍縞襪八緉，後日於王先生青城草堂還我耳。」又有一叟曰：「王先生許來，竟待不得，橘中之樂，不減商山，但不得深根固蒂，為愚人摘下耳。」……

後來下出勝負了，其中一個老頭說，對方輸給他包括「海上龍王第七公主的頭髮十兩」等一堆顯然是仙界裡的東西，然後約好以後到「王先生青城草堂」那裡算帳歸還。聽到提起「王先生」，另一個老頭就說：「王先生本來答應要來，卻沒辦法留著。待在橘子裡的樂趣，可不會比住在商山差（讓人聯想起漢代初年曾經介入皇室繼承決策、鼎鼎有名的「商山四皓」），唯一的缺點是掛在樹上不牢固，結果被世俗的笨蛋給摘了下來。」

又一叟曰：「僕饑矣，須龍根脯食之。」即於袖中抽出一草根，方圓徑寸，形狀宛轉如龍，毫釐罔不周悉，因削食之，隨削隨滿。食訖，以水噀之，化為一龍，四叟共乘之，足下泄泄雲起。須臾，風雨晦冥，不知所在。巴人相傳云：「百五十年來如此，似在陳隋之間，但不知的年號耳。」

又一個老頭說：「我餓了，來吃龍根乾。」就從袖子裡抽出一段草根，直徑大約一寸，根的形狀看起來完全像一條龍，他用刀削那「龍根」來吃，但每削一塊，龍根就立刻長回原狀。吃完了，用水噴那龍根，竟然就化為一條龍，四個老頭一起坐了上去，一下子風起雲湧，天地昏暗，四個人和一條龍就不知去向了。當地人傳言，這橘子應該是在陳朝與隋朝之間傳留下來的，不確定年號，但已經有一百五十年了。

雖然象棋不斷想要朝圍棋的地位提升，但在文人文化中，兩者始終維持了一定的差距。

09 遊戲的等級，重視大腦超過重視感官

象棋和圍棋的地位差距，反映了近世中國文人文化的內在精神。一方面強調「無用之用」，另一方面又要求具備抽象、普遍、隱喻的啟發與教化作用。那不是善良風俗的教化，毋寧是提升思考感悟能力的教化。如果缺乏這樣的特性，就算本身再好、再有價值，在中國文人文化裡就不可能占據最高的地位。

「琴」成為音樂的代表，不是純粹基於 good for playing 或 good for listening 的標準，而同樣是 good for thinking。文人文化中對待「畫」也是同樣的態度。不是所有描摹外界形象的圖像，都能被視為畫，而主要是「文人畫」，那才是主流。

我們今天看到近世的文人畫，尤其是相較於西方的傳統繪畫，最容易產生的印象就是色彩如

此貧乏。有人想當然耳解釋，那是因為中國沒有像西方那樣發明出油畫材料，受限於顏料產製，所以有那樣的畫風。中國的確沒有油畫，這是很大的遺憾，最主要是使得畫的保存極為困難。

今天難得留下來的幾幅宋畫，例如收藏在臺北故宮博物院的范寬「谿山行旅圖」，為了保護原畫，真品很難得拿出來展覽，即使有機會看見原畫，卻也往往令人失望。你能看到的，基本上就是灰撲撲的一片，上面究竟畫了什麼很難明白，當然就不可能產生視覺上的震撼效果。如果真的想看范寬畫了什麼，可能反而要去找經過電腦處理過的圖像，將背景漂白了，凸顯出線條，才能稍稍還原畫作的原樣。

但這並不表示傳統中國沒有出產清楚鮮豔的顏料。中古時期流行過「金碧山水」，燦亮的金、濃密的綠，當然要有一定的顏料工藝發展。到了近世，金碧山水退出流行，水墨文人畫成為主流。這顯然不是退化，而是不同價值選擇後的結果。也就是說，文人畫的色彩風格簡單，那是故意的，背後有著整個文人文化的關懷與思考。

繪畫不是將眼睛所看見的如實記錄下來，或是去添增色彩和細節，文人畫的目的毋寧是要藉繪畫去追摹自然的本質，以及在這種本質狀態下，人如何感知自然，和自然發生的理想關係。那不是寫實的，而是主觀的，展示的是畫者對自然的心像掌握。那是一種選擇的過程，去除不重要的，留下最具本質性的。

因而繪畫的邏輯非但不是加法，相反的是減法。如果掌握到的山的本質是「高」，那就在畫面上凸顯高；如果掌握到的石頭的本質是「奇」，那就在畫面上凸顯奇。如何凸顯？將不高、不奇的省略掉，只留下可以對照、顯現高與奇的背景和細節。

這樣的文人文化價值，特別值得強調與珍惜的，就是重視大腦超過重視感官。感官上的刺激必須經過大腦整理、思考，才能成為有價值的內容。遊戲是為了提供娛樂，但在文人文化中，娛樂的價值同樣要從這樣的角度來評斷、分類。

分類中等級最低的是「鬥戲」，從鬥蟋蟀、鬥雞、鬥狗，到人與人的搏擊互鬥。這在中國文人價值之眼看去，是表現動物性攻擊衝動的，是應該在「人文化成」過程中被馴化、去除的。所以這種「鬥戲」相應就被視為「童戲」，還沒有長大、沒有經歷足夠人文養成的小孩才會喜歡。如果大人還喜歡這種遊戲，那就不對勁了。

稍高一個層次的遊戲，是運用身體的動作，例如跑跳、雜耍或武術。這裡有個很大的分別在於實際動作的人和觀賞的人，觀賞者的地位上高於動作者。文人能參與的，是作為觀賞者，卻不是自己去運動。《水滸傳》中蹴球（蹴鞠）是個鮮明的例子，高俅高太尉為討好皇帝陪皇帝蹴球，從根本上不會是件好事。在這樣的價值判斷下，中國當然不可能建立良好的運動環境，也不可能鼓勵人開發身體運動之美，不可能鼓勵重視身體的線條與動作。

10 當遊戲沒那麼簡單，才進入文人文化

等級最高的，當然就是只屬於文人，只有文人有能力玩的遊戲。《紅樓夢》裡有一段，描述劉姥姥進大觀園吃飯，賈母即席就要「行酒令」。賈母的酒令不算高明，但也足夠考倒劉姥姥，讓她鬧笑話了。行酒令、口占吟詩、即席填詞乃至猜燈謎，這些都是文人的遊戲。對文人來說，這是他們生活中的日常調劑；但對其他階層的人來說，就成為他們仿傚文人的一種「雅事」。

胡適在〈《紅樓夢》考證〉一文中，為了表示過去許多對《紅樓夢》的解釋充滿了主觀的臆測，就舉了一個燈謎作比擬。燈謎的謎面是杜甫的一句詩：「無邊落木蕭蕭下」，打一個字。謎底是「日」。如何從謎面猜到謎底呢？看到「蕭蕭」兩個字，得聯想到南朝的宋、齊、梁、陳，其中連續兩個朝代，即南朝宋和南朝梁，兩朝的皇帝都姓蕭。再看「蕭蕭下」，接在這兩個朝代下面的是「陳」。然後是「無邊落木」，將「陳」字的邊去掉，再將中間的「木」也拿走，那就剩下「日」了！

很難猜吧？胡適認為，要能從「蕭蕭」聯想到兩個連續的朝代，這根本不可能。出謎題的人自己這樣想，但在倒回來的程序中，別人怎麼可能剛好連上這條思路？不過從文人文化的角度看，燈謎的重點與精彩之處正在於此。訴諸於一般文人的教養與思考默契，隨時背了許多歷史與

文學的資訊，很自然地往這些共同文化內容中去找尋。世界對他們來說沒有像胡適以為的那麼大，這個謎題對他們而言，也就沒有胡適氣急敗壞地要批判的那種荒謬性了。

這不是對一般人開放的遊戲，而是文人文化中最高等級的思考遊戲。

文人遊戲強調思想的重要性，相對輕忽勝負。王安石明明下棋很在乎輸贏，然而身處這樣的文人文化價值中，他對自己看重輸贏的態度感到不好意思，才需要寫那樣一首詩以自辯，顯現他也知道、也相信豁達的態度。

即使圍棋傳到了日本，發展出職業棋士制度，明明白白靠輸贏來定棋士的等級與收入，但在他們的圍棋史上，吳清源硬是比歷來所有棋士的地位更高。不是因為他最會下棋、贏的棋局最多，而是他有說棋的能力，擴大解釋棋局，發揮棋局的哲學意義。連帶所及，讓人家覺得他所下的棋，除了輸贏布局之外，另有一份非關輸贏的美感。

相對地，像林海峰這類棋士，引發的就是矛盾、曖昧的評價。林海峰的外號是「二枚腰」，因為他具備了逆轉棋局的特殊能力。可是如何看出他這種能力？有幾次戲劇性的狀態，明明處於一般棋士，包括特聘來解說的專家都判斷應該棄子認輸的劣勢，林海峰卻堅持繼續下，竟然能在最後反敗為勝。這是傳奇的韌性，當然吸引了許多注意與稱頌，特別是符合日本傳統的堅持、堅忍信念。不過從另一個角度看，他也破壞了圍棋的一種優游、灑脫的風度，在大家都認為已經輸了的時候卻不認輸，還要拉著對手纏鬥，顯現出太過於看重輸贏的執著。

當遊戲沒那麼簡單時，遊戲才進入文人文化中，占據了一席之地。

第七講

「書」：中國書法的演變

01 保留圖像、數量龐大、表現美學的文字

中文是世界上主要的文字系統中，唯一保留了圖像形式的。考古發掘中出土的大汶口陶製黑尊上，可以看到像是最早的文字，有一個代表太陽的圖形，底下多了一橫，表示太陽往上升的變化，如同今天通用的「旦」字。很多中國字保留了原始的圖繪性質，例如「象」字，如果放橫了，很容易就看出來是依照大象的模樣來的，有很明顯的象鼻和象腿。

保留圖像，沒有轉化為標音，使得中國文字的數量和其他文字系統不成比例。英文總共就只有二十六個字母，整份《紐約時報》再厚重，也找不出第二十七個字母來。但相對地，一份給小學生讀的《國語日報》，大概就要用到一千個左右不同的中文字。至於給大人看的、「正常的」書報，會用到的中文字大約在兩千到三千左右。

傳統上，華文地區的小孩得花費更多時間和精力學字、認字，付出不少代價。不過換得的是中國文字具備那麼多形體上的變化，於是就連帶產生了特殊的美學表現形式，我們稱之為「書法」。「書」就是寫，但「書法」不只是從功能上把字寫出來，寫成可以被別人辨認的模樣，還多了一份講究，要寫得好看。有時是要寫得規矩，有時是要寫得美，有時是要寫得特別。

西方的字母在印刷術中發展出許多不同的 font（字型），不過每一種 font 都只需要設計刻繪

二十六個大寫字母加二十六個小寫字母。中文卻是在手寫過程中，很早就發展出至少四種明確的形體變化，展現在經典的趙孟頫《四體千字文》中。四體分別是篆、隸、楷、行，更值得注意的是「千字」，每一種形體，趙孟頫都足足寫了一千個字，四體總共有四千字。《千字文》是中國近世社會用來教孩子的啟蒙教材，一千個字只是教育的開端會運用到的。

使用表音文字的社會，絕對無法想像如王羲之〈蘭亭集序〉那樣的作品，更無法想像這樣的作品會對帝王產生如此巨大的吸引力，致使唐太宗決定將真跡帶進墳墓裡。為了使這部作品不會因此而失傳，又在那個沒有照相、沒有影印的時代，動員了好幾位最傑出的書法家，悉心仔細地摹寫，留下鈔本。

02 從篆書到隸書，從刻蝕到墨畫

中國文字有很漫長的發展變化，現存最早的文字是刻寫在甲骨上的，當時使用的應該是堅硬的工具，所以產生了基本上是直筆畫、少有曲線的形狀。比甲骨文稍晚，有了刻蝕後鑄在青銅器上的「金文」。中國古代青銅器是用範鑄法，而不是脫蠟法製造的，所以要先用泥做成一個模型，要鑄在上面的字就先寫在泥上。如此寫的時候，筆尖就不需要那麼硬，寫出來的筆畫相對於甲骨文，也就比較粗、比較有弧度。

再往下，書法最重大的變化，當然就是運用了毛筆。毛筆應該是在戰國時出現的新書寫工具，後世相傳是秦代蒙恬發明的。其實誰發明毛筆沒那麼重要，真正關鍵的是墨的發明與運用。過去要讓文字能夠存留，都必須用刻蝕的方式，在物體表面凹挖下去，製造出痕跡來。有了墨，才能夠在物體表面不需刻蝕，單純用畫的，等到墨乾了，就能長期留著。這一點突破了，也才會有下一步尋找最適合的書寫載體，和最適合的書寫工具。

這個過程不太可能成於一人之手，應該是經過長時間的試驗，才發現最好的書寫表面是竹簡，也就是將竹子削去皮層之後露出的白色部分；相應地，最好的書寫工具是既能吸墨、又能隨竹子的彎弧表面變化的軟性毛筆。

「篆書」是由新的工具寫在新的載體，卻沿襲、模仿了原先刻鑄在青銅器上的字體。這種字體沒那麼容易掌握，和原本的青銅器來源一樣，保留了高度的貴族文化性格。秦代之後，建立了早熟的帝國，文字有了新的功能與新的需求，這種貴族的、艱難的字體就不合用了。

秦始皇統一六國之後，大力進行「書同文」的改革，將文字徹底標準化，再將這樣標準化之後的文字運用在帝國的官僚資料記錄上。新興的字體稱為「隸書」，這名稱提醒了我們，這套文字最早的運用，應該是和秦代嚴刑峻法執行下，產生了許多被當作官方奴隸、送去強迫勞動的人有關。必須有這些人的完整名單，避免他們逃跑，萬一真的逃了，也要能按照名單追捕。

在秦始皇的瘋狂大動員情況下，需要有人口、戶口登記，更需要有「隸籍」登記。這種名單可無法等你用由金文來的大篆、小篆慢慢地一筆一筆畫，於是就產生了可以用毛筆快速寫在竹簡上的隸書。篆書用於正式的、堂皇的記錄，例如秦始皇巡行各處豎立的刻石文字；隸書則運用在一般登記名冊上。

隸書最大的特色在於一筆一筆不連貫，以及每筆的收尾上挑如燕尾。那其實是當時以毛筆寫在彎弧竹簡的物理條件而自然產生的。後來捨竹簡、改用平面的紙張，這樣的筆畫卻因為具備形體風格的迷人之處，而被保留下來。

03 碑楷行草，字體和書寫工具的密切關係

到了魏晉南北朝，進一步有了「行書」。這個字體仍然和書寫工具、書寫方式有著密切的關係。傳統上說東漢蔡倫發明或改良了造紙的技術，意味著從此以後，除了竹簡之外，多了一種競爭的書寫材質。一段時間後，證明紙張比竹簡更方便、更好用。

寫在紙上的筆觸，當然就和寫在竹簡上的大不相同，最主要是多了轉折彎曲的可能性，連帶

地也就不必再拘泥一畫一畫地寫，而有了連筆的寫法。那個時代的人一般是坐在地上，倚靠著矮矮的几，沒有我們今天習慣的桌椅，比較接近日本人運用榻榻米的方式。在這樣的居住環境中，寫字時要一手扶著一塊板子，紙攤在板子上，另一手拿筆書寫。這樣寫出來的就不會是楷書，而是沒那麼方直、也就更自由的行書，更相應產生了追求如同「行雲流水」般的動態美學標準。

和行書大致同時間發展的，還有「碑體」。那是來自刻石的習慣，這個時期產生了驚人的雕刻藝術與技術，除了刻出形體之外，連帶地也有將字刻在石上，讓文字內容得以不受時間影響，既可永久保存又可隨時展示的做法。不管文字原先用什麼工具、怎麼寫上去，一定會有刀工刻鑿的痕跡，既不同於原先的隸書，也和行書很不一樣。

進入唐朝之後，才有了將碑體轉寫在紙上，講究方正剛直的「楷體」。正因為源自碑體，所以後世若要描述楷書寫得好，其中一種固定的形容是「力透紙背」，明明是柔軟的毛筆寫出來的，卻能夠展現如同刀刻的效果。楷書之難，楷書美學的重點，都在這上面顯現了。

從石上的碑體而有紙上的楷體；另一方面，由原先的行書而來，也有了讓線條更自由、更脫離字形拘束的「草書」。「草」到一定程度，字被解體了，很難還原辨識，看起來像是抽象的線條流蕩飛舞。然而基於中國文化慣常對於文字特別尊重的態度，草書維持著和字的關係，沒有脫離字而成為抽象的、視覺的、布局的藝術形式。

到了宋代，中國書法的各種字體基本都完成了。

04 字如其人，學書之要在「精神」

在書法史上，有「北宋四大家」的說法，也就是「蘇黃米蔡」這四大家。前面三個分別是蘇軾、黃庭堅和米芾，但第四個「蔡」可就有點麻煩了。今天通行的說法是指蔡襄。蔡襄字寫得很好，不過來看一下各人的出生年分：蘇軾是一〇三七年，黃庭堅一〇四五年，米芾一〇五一年，三人剛好按照出生先後排下來；但蔡襄卻比他們年紀都大，出生於一〇一二年。

還原南宋時形成的四大家名單，這個「蔡」顯然不是指蔡襄，而應該是蔡京。蔡京的字也寫得很好，不只如此，他還主導、編輯了宋徽宗時期在書法史上極其重要的《宣和書譜》。蔡京的年紀雖然比米芾大四歲，但活得比米芾久，放在四人中的最後一個也對。

原本指的是蔡京的「蔡」，後來卻被張冠李戴換成了蔡襄，不是基於書法藝術或書法史的標準，而是蔡京當過宰相，被視為徽宗朝的奸臣，要為「靖康之難」及北宋滅亡負責，於是連帶地被取消了在書法上的名聲。

從蔡襄取代蔡京的變化，可以看出兩件事。第一是「字如其人」的觀念深入人心，而且愈到後來愈強烈。在宋代之前，字寫得好不好，還可以獨立評斷；然而宋代以後，轉而相信書法、繪畫的成果都反映出人品與人格。一直到我成長的年代，學校教育中都還有書法課，作文也要用毛筆來寫，上這種課時，老師掛在口中的訓斥之語都還是：「心醜字就醜」、「字寫不好要如何有教養」、「連字都寫不好，將來要當怎樣的人」……這一類的。

蔡襄取代了蔡京，一個理由正因為他談論書法時，特別強調「精神」。他的〈論書〉文章裡說：「學書之要，唯取神、氣為佳，若模象體勢，雖形似而無精神，乃不知書者所為耳。」意思是學書法如果只學到字的形體，那是不夠的，甚至是不對的，必須掌握形體背後的「神、氣」，也就是精神和氣質，才叫做真的懂書法、真的在學書法。

王羲之的字很美，但你不能光是模仿王羲之的字，期望自己寫的字能像王羲之的那麼美，你必須去領悟、學習王羲之的「精神」。精神是抽象的、無法明白解釋的，但和人格、個性有很密切的關係。書法的關鍵不在技術，或者說不能將技術獨立出來，光是練技術。如果只練技術，卻沒有同時修養和寫字相應的精神，那麼不管技術再好，終究還是假的，會被識破的。

從這樣的文人價值觀看去，蔡京就是一時靠他的字騙過了別人，但總會有被看穿，因而被降等、被除名的時候。

05 臨帖：近世文人生活中的新習慣

第二件事，若從反面來看，以蔡襄取代蔡京，無疑混淆了「宋朝書法」的時代意義。蔡襄擅長書法各體，篆、隸、楷都能寫，而且兩宋幾乎只有他一人還擅長寫小楷字。米芾好說大話，曾經聲稱別人寫字都只有「一筆」，唯獨他自己有「四面」，但米芾真正好的畢竟還是行草，他的楷書就差多了，至於他的小楷字，那更是不足以稱「家」了。

蘇、黃、米、蔡，如果加入的是蔡襄，就失去了宋人的一項特徵，本來蔡京是完全符合的，那就是四個人基本上都不以楷書聞名，他們不再重視楷書。蔡襄楷書寫得好，還能寫小楷，代表的是相對比較早的時代，是宋代書體特徵出現之前的情況。

蘇軾是「宋書」的主要奠基者，他寫過一首專門論書法的詩〈石蒼舒醉墨堂〉，中間有兩個關鍵的句子：「我書意造本無法，點畫信手煩推求。」這等於是以反書法來解「書法」，真正好的字，不必也不能依循固定的法則來寫。如果書法的追求在於寫出好的、美的字，那就必須脫開「法」，要以個性寫字，而不是以規矩寫字。

在蘇軾之前，宋人寫字很重視「法帖」。宋代開國以來，社會經濟的繁榮推動了印刷術的發達，這對於文人文化產生了無可低估的影響。印刷普遍方便了，於是琴有琴譜、棋有棋譜，在書法上相應也有了「書帖」或「法帖」。

宋太宗掛名，以朝廷力量收集的《淳化閣法帖》，就是大量刻印前人的書法作品。[11]其中最重要的是「二王」，即王羲之、王獻之父子的字。這是最早的書法作品集，在此之後，一路到民國時期裴景福的《壯陶閣書畫錄》，歷史上出現了近十種著名的法帖，經過印刷後大量流傳，作為寫書法的人取法、學習、模仿的對象，中國書法因而進入一個新的階段。

陳末隋初的和尚智永寫過《真草千字文》，「真」指的就是楷體，他用兩種不同字體抄寫《千字文》，作為一種修行。為什麼是修行呢？因為他可不是寫一次，而是整整寫了八百份，分贈給許多人。那個時代，如果多一個人想要得到一份《真草千字文》，沒別的辦法，就只能叫智永多寫一份。但到了宋代，有這些蒐集來的法帖，加上印刷術，那麼不認識智永、沒有門道跟他求字的人，也有機會看到、擁有《真草千字文》。更重要的，即使不和智永活在同一個時代，後世的人也能看到、擁有《真草千字文》了。

還有一項絕對不容忽視的因素，就是宋代文人之間酬答頻繁，書牘詩賦都要用寫的，字寫得好壞，直接影響別人對你的印象與評價。

由此形成了一種普遍「臨帖」的習慣，也就是細心模仿帖上知名的書家寫出來的字。臨帖是近世文人生活中的新習慣，並不是一直都有的。王獻之有名的故事是寫完一缸水，他反反覆覆地寫，為了捉摸筆法、筆勢，但可沒聽說他是看著什麼帖寫的。那時候就算他想模仿，也沒有可以拿來看的書帖啊！從六朝到唐代，書家字體之間的影響通常是個人關係的延續，例如王獻之會受到王羲之影響，因為他們是父子。唐代講究的「法」，是學會一套固定的筆法規矩，卻不是靠大量臨帖來模仿。

06 「宋人意勝」建立在「唐人法勝」基礎上

宋代才具備了可以「臨帖」的完熟條件，然而也因此產生了後遺症。歐陽詢、柳公權、褚遂良、顏真卿這幾位書家的字，變成了典範，透過仔細、貼近的臨摹，大多數人寫的字看起來都像他們的，於是「千人一面」，字都長得很像，沒有個性、沒有差別了。

但不是說「人如其字」嗎？不一樣的人卻寫出相同模樣的字，豈不就毀壞了這個原則與信念嗎？於是才有蘇軾「自造其意」的態度。明代之後的固定評斷是「唐人法勝，宋人意勝」，然而

11 《淳化閣法帖》共十卷，收錄一百零三位書家、四百二十篇墨跡，時間橫跨先秦至隋唐，字體兼有篆、隸、楷、行、草諸體。第一卷為歷代帝王書，計十九人、五十帖；第二、三、四卷為歷代名臣書，計六十七人、一百一十四帖；第五卷為諸家古法帖，計十五人、二十三帖；第六、七、八卷為王羲之書，計一百七十帖；第九、十卷為王獻之書，計六十三帖。

必須了解的是，「宋人意勝」其實是建立在「唐人法勝」的基礎上。「唐人法勝」在於找到了書法的基本原理，而幾位唐代大書家寫下來的字，到宋代就成為前人遺留的祕訣，可以藉由臨摹方便學習。但如此一來，大部分的人寫字都依照法帖而來，失去了自己的風格。

依「法」而寫的字很快就普遍到令人煩膩的地步，所以從蘇軾以降，刻意地朝相反方向發展。蔡襄仍然相信傳統的「書法」，很會臨帖，能寫唐人式的經典楷書，而且技術好得不得了。然而相對地，蘇軾的字就完全沒有哪個唐人、前人的影子，更不可能是依照哪個碑、哪個帖臨摹來的，他是真正的「一筆」，他只寫「蘇體」。那是他精神上的堅持。

蘇軾另有一首詩〈孫莘老求墨妙言詩〉，詩中說：「短長肥瘦各有態，玉環飛燕誰敢憎。」明白地主張，每個人不同的字體，應該有不同的審美標準，就像胖的人有胖的姿態，瘦的人有瘦的姿態，胖的楊玉環很美，瘦的趙飛燕也很美，不能認定胖的才美，或是胖的就一定不美。每個人寫自己的字，同時就產生了因應這種字體的多重標準，而不是運用一套固定的標準去評斷所有的字。

宋代文人當然也還臨帖練字，當然也還是要建立寫字的一定章法，只是他們主張在掌握法度之後，還要能夠進一步顯現個性，認為「個人書法」中應該包含一種自我表達的衝動與能力。

「北宋四大家」中，蘇軾和黃庭堅的地位又比另外兩人為高。一部分原因是他們同時具備了傑出詩人的身分。書法在兩晉時的性質，和到了兩宋以降文人手中的性質，有了不太一樣的重點。在兩晉，寫得好的字，和字所表達的內容，兩者之間沒有必然關係。王羲之固然有文章漂亮的〈蘭亭集序〉流傳千古，不過他也留下了許多「手帖」，也就是當時隨手寫的信札。信札的內容往往很簡略、很日常，例如他的〈奉橘帖〉就十二個字：「奉橘三百枚，霜未降，未可多得。」沒有什麼講究，就只是平常的交代，卻無礙於成為書法上的名品。

然而到了近世，文人文化中對於人的整全性有了新的概念，認定一個文人各種面向的表現是彼此相關的。書法和寫出來的字的內容意思，不能分開看待。一個自己寫不出有意思的好詩、好文章的人，光是抄別人的詩或對聯，即使字寫得再漂亮，都算不上書家。字體和內容分屬兩個人，怎麼可能完整呢？而一個人寫了惡俗的文句，就算用再美的字體來寫，人家還是覺得缺乏完整的品味表現。

07 蘇軾與黃庭堅，作家兼書家兼理論家

蘇軾最重要的書法作品之一，是現藏於臺北故宮博物院的〈寒食詩帖〉，其內容是一首五言古詩：

自我來黃州，已過三寒食。年年欲惜春，春去不容惜。
今年又苦雨，兩月秋蕭瑟。臥聞海棠花，泥污燕支雪。
闇中偷負去，夜半真有力。何殊病少年，病起鬚已白。
春江欲入戶，雨勢來不已。小屋如漁舟，濛濛水雲裡。
空庖煮寒菜，破竈燒濕葦。那知是寒食，但見烏銜紙。
君門深九重，墳墓在萬里。也擬哭塗窮，死灰吹不起。

這整首詩最大的特色是故意用了直白口語的風格，去除了一般的「詩意」。直白也就是不美化，產生的閱讀效果是凸顯了詩中所描述的情景與遭遇是無法被美化的（beyond beautification）。寒食是四月初，明明還是春天，卻處處如同秋天般的蕭索氣氛，那既是自然的，同時也是人事窮困挫折所帶來的。如此客觀之境與主觀之境巧妙融合，發揮了雄渾的悽苦感染力。

詩是好詩，更重要的是蘇軾的字體，也反映出那種備極艱辛的頓挫之感，彼此配合。在這份書帖之後，又有黃庭堅寫的跋，也是好文配好字。兩位大文豪兼大書家的作品並列

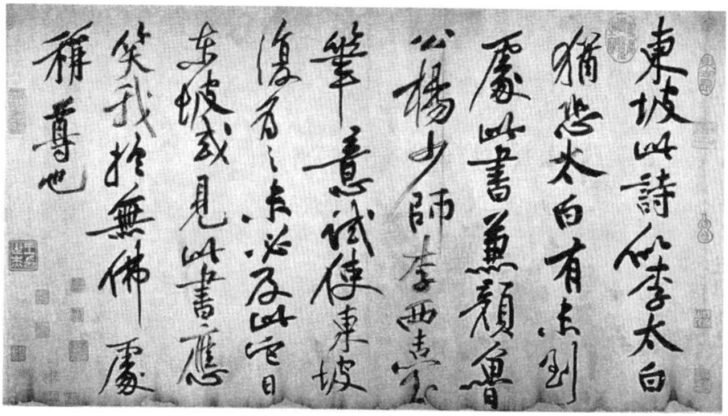

右：蘇軾「寒食帖」
左：黃庭堅「寒食帖跋」
（皆臺北故宮博物院藏）

在一個畫面上，那是珍品中的珍品。

蘇軾比黃庭堅年長八歲，兩人一生保持亦師亦友的關係。流傳下來的故事說，有一次蘇軾忍不住對黃庭堅的字表達了意見，認為他的字固然有個性、有模樣，卻太枯瘦了一點，瘦到看起來好像一條蛇掛在樹枝上。黃庭堅就報復說，你的字也有點太扁了，扁得像蝦蟆，而且是被石頭壓過後的蝦蟆。

不管這故事的真假，重點在於兩宋書法和之前的兩晉書法還有另一項差異，那就是出現了許多關於書法的描述、討論，乃至趣聞軼事。這是文人文化普遍發展中的一環，關於詩有「詩話」，關於詞有「詞話」，關於棋有「棋話」，而且詩話必定同時記錄詩人，詞話記錄寫詞的人，棋話當然也記錄下棋的人，甚至是其他寫棋話的人。

要能有「書話」，也就必然要有一套描述書法的語言文字，進而將這些特殊的文字專門化，再進一步理論化。例如前面所用的比喻——像蛇掛在樹枝上、像石頭壓過的蝦蟆，雖然帶有玩笑意味，但的確可以引發對於書法字體、筆畫的聯想。宋代的書法家兼大作家，善於運用文字，對文字帶有特殊的敏感與創新能力，也就很容易同時成為書法理論家。

仍然是蘇軾說的：

> 凡世之所貴，必貴其難。真書難於飄揚，草書難於嚴重，大字難於結密而無間，小字難於寬綽而有餘。（〈跋王晉卿所藏蓮華經〉）

要讓世人看重，一定得有相當的難度，不是一般人能做得到的，才會得到高度的肯定。寫楷書難在能有飄逸瀟灑的風度，寫草書難在能給人莊重分量的感覺。寫大字難在筆畫和筆畫、字和字之間密實不空，寫小字難在製造出空疏不緊張的效果。

難的，也就是書法上應該追求的。蘇軾這番話後來幾乎成為書法的金科玉律，確實非常精要地總結了中國書法的審美標準。去看看顏真卿的字，不就是大字卻密實不空嗎？去看看弘一法師的小字，不正是不管多小，看起來都空疏自由嗎？看看柳公權的楷書，不是有一種秀氣和瀟灑嗎？看看懷素的草書，你一點都不會感覺那是潦草隨便，其內在自有一種說不出的儼然秩序。

黃庭堅則說：

> 凡作字，須熟觀魏晉人書，會之於心，自得古人筆法也。欲學草書，須精真書，知下筆向

背，則識草書法，草書不難工矣。〈跋與張載熙書卷後〉

想把字寫好，要多看魏晉時的作品。記得，是用看的，不是用臨摹的。因為重點不在能用手將那樣的字寫出來，而在領略了古人的筆法。有古人筆法在心中，才能從自己筆下生出屬於自己的、卻絕不會走樣的字體。如果要學寫草書，必須先學好楷書，明瞭了下筆的前後方向，以此為基礎，才能夠辨認草書的法則，學草書就不難了。

舉這兩個簡單例子，可以看出蘇、黃不僅是書家，也同時身兼書法理論家的一面。

08 米芾得王獻之筆意，蔡京編《宣和書譜》

有蘇、黃在前，也就對照出米芾吃虧之處。米芾最擅長行書，然而他的行書文章或詩作卻都無甚可觀之處，不只和蘇軾相去極遠，甚至也不如後世同樣以行書聞名的文徵明。

雖然他在書法的琢磨變化上、乃至個人風格樹建上都有很高的成就，但他的人品卻始終有爭議。他的綽號是「米顛」，這個「顛」字有瘋瘋癲癲的意思，也有狂狷不馴的意思，兩者是不一樣的，尤其是有不同的評價地位。

關於米芾有一個流傳很廣的故事，說他先是靠著進獻「楚山清曉圖」得到宋徽宗的賞識，繼而命他進宮，在皇帝御用的屏風上寫《尚書・周官》中的句子。米芾寫好了很得意，放下筆就自己稱讚說：「一洗二王惡札，照耀皇宋萬古。」意思是這種字成為另一種高超典範，擺脫了王羲之、王獻之原來那種書札體風格，能給宋朝帶來足以長留萬古的光榮。

他不知道徽宗其實就在屏風後面，聽到了他這番自誇，忍不住走出來看看到底寫得多好。徽宗認為寫得不錯要獎賞他，米芾就要求賜給他剛剛用的那塊硯臺。皇帝答應了，米芾高興拜接，馬上將硯臺收入懷中，硯臺上的墨汁把朝服都淋黑了。

或許沒有直接連結關係，然而有趣也諷刺的是，《宋史・文苑傳》中給米芾的總評是：「特妙於翰墨，沉著飛翥，得王獻之筆意。」說他擅長寫書法，尤其行書寫得類似王獻之的風格！面對前人傲慢自滿，在權力面前張皇出糗，米芾的人格境界無法和蘇軾、黃庭堅等量齊觀。

米芾和蔡京兩人都活躍於徽宗朝，這不是偶然。宋朝「重文輕武」的風氣到徽宗朝發展到極致。從「輕武」的一邊看，到這時候，北方軍事防務一片糜爛，完全阻擋不住金人的武力侵犯；從「重文」的一邊看，到這時候，連皇帝都徹底向文人靠攏，徹底浸潤在文人品味中，成為文人文化的巔峰代表人物。

徽宗朝編撰了《宣和書譜》，在蔡京主導下，將宮中收藏的重要墨寶收集編定，元、明之後還付諸刻印。於是皇宮大內的書法作品都有了明確的記錄，而且讓許多原本沒有權利、沒有管道能看到這些作品的人，都可以藉著刻印本來欣賞、學習、臨摹了。《宣和書譜》之外另有《宣和畫譜》，其實都不單純是「譜」，也就是有作品，還有對作品的簡要評論，精到地說明這幅作品哪裡好、為什麼好，這是一流的書論、畫論。

《宣和書譜》的書論大多出自蔡京之手，他的書法認識自有其高妙之處。這既是帝王收藏的圖錄，也是總結北宋一朝書論的壓軸之作，背後清楚地有著徽宗的高度美學意識貫徹其中。被選錄進《宣和書譜》的，有吳越錢俶的作品，有南唐後主李煜的作品，卻沒有任何一幅宋朝趙姓皇帝的字。皇宮裡一定有很多歷來皇帝的字，做臣子的哪敢不選，也就可見是連一幅都通不過徽宗的法眼，那是高標準的書法之眼。

09 徽宗的瘦金字為何是「一人字體」？

宋徽宗在書法上的極大成就，就是創造了「瘦金字」，幾乎是獨步千古，成為「一人字體」。瘦金字之所以沒有招來眾多追隨者或模仿者，有一部分仍然和「字如其人」的信念有關。無論從什麼角度、用什麼標準衡量，宋徽宗都是個很失敗的皇帝。他是實質上的「亡國之君」，

宋徽宗「詩帖」局部（臺北故宮博物院藏）

北宋斷送在他手上，而且比亡國更糟的，還惹來「靖康之難」，自己都被金人擄走，成為人質。這樣的國君、這樣的人格評價，誰還願意學他如此獨特風格的字，將自己的人格和徽宗搭在一起？

另一部分的理由，則牽涉到瘦金字違背了書法字體的根本原則。雖然是用毛筆寫的，瘦金字卻是現代「硬筆書法」的先驅。因為其筆畫刻意收斂了粗細變化，「瘦」的是每一筆畫。正因為每一筆都一樣「瘦」，看起來像是用金屬堅硬筆尖刻出來的，所以才叫做「瘦金字」。

這樣的書法考驗著寫字的人，要用軟的毛筆寫出硬筆的效果，也就取消了以毛筆寫字最大的變化特色。我們可以用音樂作比擬。有粗細、迴轉的字，像是在鋼琴上彈出的大小聲變化，是有清楚樂句方向的音樂；沒有粗細、迴轉變化的字，則像是在撥弦的大鍵琴[12]上彈出的，相對無法產生大小聲與樂句方向的音樂。寫瘦金字就等於是要在鋼琴上彈出大鍵琴的效果，也就是大幅限縮了原本鋼琴能夠產生的豐富聲音，這不是很大的浪費嗎？

硬筆書法只有布局，沒有筆畫線條上的錯落趣味，只能在形體上變化。所以瘦金字儘管評價很高，但自宋徽宗之後，八百年時間幾乎只得到莊嚴一位後繼的書家。

「靖康之難」後北宋滅亡，康王趙構逃到臨安，即位為高宗皇帝，開啟了南宋。擁有這樣的戰亂流離到重建政權的經歷，然而高宗留下來最重要的著作，卻既非兵法、亦非政論，也不是什麼亡國之痛的感懷，而是關於書法的。這本書叫做《翰墨志》，是關於他喜歡的書法作品的記錄與解說。他既是書法的愛好者，也是向強大文人傳統靠攏的皇帝，如此就清楚標示了，南渡之後的這個朝廷，必定還是重文輕武的，不可能重視軍事，不可能重用岳飛。

12 大鍵琴（Harpsichord）是巴洛克時期（約十七世紀至十八世紀中葉）盛行於歐洲的鍵盤樂器。外形與現今的三角平臺鋼琴相似，一般有兩層鍵盤。但它的發聲原理和鋼琴不一樣，大鍵琴是用撥子去撥動琴弦，而不是用琴槌去敲擊，因此缺點就是無法用手指直接控制其音量和音色。十八世紀末逐漸被鋼琴所取代。

10 書法像極了音樂，洞視書法的時間性

相較於「北宋四大家」，南宋沒有同樣等級的大書法家，不過關於書法的記錄與討論仍然熱切地發展。南宋文人文化集大成的代表人物是姜夔，講音樂要講到他，講詞也一定要講到他。在書法的領域中，他也留下了一本《續書譜》，書名來由是唐朝孫過庭的《書譜》，那是書法理論最早建立時出現的作品。

《續書譜》一共二十章，對中國書法史有著兩項獨特的貢獻。首先，是整理並確立了到那個時代為止出現過的種種書法相關術語，也就是統合了討論書法的一套共通語言，讓後世的人可以在這個基礎上寫出更豐富的書論，讓讀書論、寫書論的人都知道該如何描述和分析一幅書法作品，也都可以了解別人在說什麼，可以有效溝通。

更具突破性的，是姜夔用了音樂性的概念來說書法，這不是承先啟後，毋寧是空前絕後。具備高超的音樂天分與深刻的音樂思考，姜夔洞視了書法中的時間性，書法不是抽象的線條組合，寫字和美國現代畫家波洛克（Jackson Pollock, 1912-1956）經典的抽象潑灑不一樣，寫字的一個個筆畫是有固定順序的，往前了就不能回頭。在這點上，書法不同於繪畫，而更接近音樂。

繪畫不管在創作上或欣賞上都是空間性的，意思是可以用不同順序畫，先畫哪裡再畫哪裡沒

有規定，畫過了也還可以修改；看畫也一樣，可以從中間看到四周，當然也可以從右上角看到左下角。音樂卻是在時間中展開的，在前面的一定在前面，在後面的一定在後面，不可能調動改變。書法在這方面和音樂一樣。

中國傳統的文字排列，只有豎排，固定是由上而下，然後由右而左。極少數的情況，例如寫橫匾或招牌，在概念上那也不是橫排，而是豎排的特例，即每一排只有一個字，所以同樣是由右到左的。這種橫匾或招牌絕對不會有重疊的兩行，和我們今天的橫排不一樣。不只字列有一定的順序，一個字本身的筆畫，也有一定的「筆順」，一般是從左上角寫起，由上而下，由左而右，和字的順序形成一種巧妙的對應平衡。不照著筆順寫，就寫不出華人審美觀中認定「像樣」的字體。

這真的像極了音樂！字是一個有起頭、有結尾的樂句，而字和字用一定的順序連結起來，有大有小，有簡有繁，就像是組構了一首樂曲。姜夔探觸到了這個主題，但令人遺憾地，後來卻再也沒有人接續從這個角度來理解、開展中國書法，以至於讓姜夔的看法不只空前，而且絕後了。

11 框架中的自由，刻意的藝術行為

兩宋書法與書家地位提高，連帶地出現了普遍收藏名家手墨的風氣，包括費心保存過去的歷史作品。有一則故事說宋英宗的駙馬王詵非常喜歡蘇軾的字，到處尋找蘇軾的作品，但畢竟願意割愛者有限，在蒐羅無方的情況下，他只好寫信給蘇軾，信中詳列他問了誰誰誰，跟誰誰誰拜託過，但都被拒絕了。

收到信之後，蘇軾就寫了一幅大字，鄭重其事地用了澄清堂的紙、李承晏製的墨，兩百多個字，送給了王詵。

這個故事告訴我們，宋代書法有很高的價值，但沒有價格，沒有書法市場。而書法之所以價值那麼高，正是因為沒有市場。雖然和蘇軾同時代，又具備駙馬爺的身分，王詵無法用錢買到蘇軾的字，他甚至不好意思直接找蘇軾求字。用那種方法求字，被視為違背文人自由隨興寫字的根本精神。他只有實在沒辦法了，才硬著頭皮干犯忌諱，直接向蘇軾訴苦告白。

其次，我們看到在書法領域中出現了高度「求精」的價值意識。因應書法的發展，有了最佳材質、最好保存的紙，有了最適合的墨，當然也有了最高級、最好寫的筆。這時候書法變化為一種刻意、主觀的藝術行為，美學的講究朝各個面向的細節滲透。這樣的高度「求精」意識，到明代之後，當書法市場成形了，買賣價格介入、干預了純粹的藝術價值，就轉而薄弱了。

近世的書法藝術充分反映了文人的精神——一種追求框架中的自由的精神。不管草書狂亂到什麼地步，仍然謹守著一個不能放掉的原則，也就是黃庭堅為什麼主張學草書必須先學好楷書的根本理由，那就是不能讓字形解體、散掉。可以簡約，可以更線條化，但必須維持在字的筆畫所構成、所允許的範圍內。

宋代文人在書法上的自由，是在同樣的字體中，寫出了既漂亮、又能夠一眼分辨出是蘇軾或黃庭堅或米芾寫的風格。米芾寫不出蘇軾的字，也不會去寫蘇軾的那種字。

到了元代之後，一度出現過不同的活潑變化，楊維楨故意在一幅字裡，甚至在同一個字裡混和了楷、隸、行、草各種筆法。清代金農自創「漆書」，不只是有意識地結合隸書、楷書這兩種字體，甚至故意逆反了原先被視為最基礎的橫筆、豎筆的粗細安排，以及起筆、收筆的固定筆勢。那樣的字看起來「不自然」，卻在古怪中建立獨特個性。

第八講

「畫」：文人畫的時代精神

01 文人畫四大元素：詩、書、畫、印

近世文人文化中誕生了「文人畫」。不過在理解文人畫時，首先應該放在心上的，是絕大部分的文人畫作品今天我們都看不到了。存留在臺北故宮或北京故宮的古畫，當然很珍貴，但之所以能夠留下來，主要是宮廷的收藏。而宮廷的品味與選擇，儘管和文人文化互動密切，畢竟還是有一定的距離。

宮廷裡看重且鄭重收藏的，包括最有名的李唐「萬壑松風圖」、范寬「谿山行旅圖」，都還帶著相當程度的「院畫」風格，甚至「院畫」的性質超過了文人畫。真正的文人畫因為所強調、所具備的特殊性質，所以很難留下來，尤其是宋代文人畫，我們今天基本上已看不到真跡了。

這項事實帶來了巨大的困擾。首先，如果依照既有的繪畫作品來談文人畫，文字資料上所敘述、所解釋的，往往和留下來的作品有落差。能夠看得到的，不是真正的文人畫，我們卻拿這些帶有濃厚院畫性質的作品來示範、解讀關於文人畫的記錄。

另外一項困擾，是我們習慣將作品實物視為「本」，相應地將說明、解釋的文字視為衍生的、依附的，如此就錯失了文人畫最奇特的文化意義。文人畫從來都不只是畫，而是意念、精神上的複合體。

從較低的層次看，構成文人畫至少需要三種元素：詩、書、畫，有的時候還要再加上第四種元素，那是印。也就是說，畫只是其中四分之一或三分之一的必要條件，而不是充要條件。

文人畫當然有畫，然而和畫相配稱的，還要有「題畫詩」。最好是詩，最常見的是五言或七言律詩，不然也要有一小段帶有韻味的短文。題畫的詩或文，要以書法寫在上面，和畫形成視覺上的雙重呼應關係：一重是詩文的內容引導觀者感受、體會畫中形象，畫中形象同時也刺激了觀者讀詩、解文；另一重是這些字擺放的位置，還有運用的書法線條，也不是隨便選個空白處，而是要在畫面上精心、巧妙地安排。

文人畫一定要講究「留白」，最基本的理由是，畫本來就不是一切。畫將空間占滿了，那詩和書要怎麼放？沒有詩、書，就不是文人畫。而且文字和繪畫是兩種截然不同的形式，也就自然要求兩者不能太緊密地混同在一起，除了留出可以寫字的空間外，還要再留出畫和字的一點區隔距離。

「印」主要有三種作用。從畫面角度看，印最大的特徵在於是紅色的，但比例上又很小，不占什麼空間。文人畫是水墨，基本上是黑白的；文人畫的詩文字也是黑白的。於是整片黑白中很容易凸顯那一點朱泥的紅色，但也正因為整片都是黑白，所以就只能是一點紅，多了就突兀、難看了。

印的另一項作用是標示作者是誰。作者將自己的名字除了題署之外，也刻在印章上，而且通常題署和印章會有不同的寫法，有名有號，增添了畫面閱讀的趣味。但不是所有的印章刻的都是作者名號，還有一種「閒章」，等於是選一句簡短的話，要嘛表達作者的態度與心境，要嘛成為對於畫面的另一種解說或評論。這是第三種作用。

02 「逸筆草草，不求形似，聊以自娛」

所以文人畫不能「就畫論畫」，要了解文人畫，就必須面對其中複雜的「互文」關係。還有，文人畫背後有非常強烈的意念為主導，意念貫串了什麼是文人畫，怎樣是合格的文人畫，進一步怎樣是好的文人畫，以及應該如何欣賞文人畫，讓文人畫在你的生活裡產生什麼樣的作用。

元代大畫家倪瓚在他的論畫文章中有這麼一段話：

> 僕之所謂畫者，不過逸筆草草，不求形似，聊以自娛耳。（〈答張藻仲書〉）

表示自己對於「畫」有一定的標準，和一般人認定的不一樣，別人覺得是「畫」的，不見得符合他的標準。的確，他的標準立即排除了大部分的畫。對他來說，如果畫得很精細費工，那不是畫。如果畫得很像，人像真的人，花像真的花，山像真的山，那不是畫。如果畫的目的是為了讓別人欣賞、博得別人的稱讚，進而能夠換得名聲或利益，那也不是畫。語句雖然簡單，但準確地朝著三個不同方向：一是工夫，二是形象，三是動機。

什麼是文人畫？就是不論在工夫、形象或動機上都有嚴格要求的，才是文人畫。倪瓚呈現這三方面的標準，用的都是否定的方式，很具有代表性。文人畫是不費工夫畫成的，文人畫沒有要將形體畫得很像，沒有要顯現畫者具備可以精確、細緻模仿外在物體現象的能力，因為文人畫是為自己而畫的，本來就沒有要追求自己以外的其他人的肯定或讚賞。

倪瓚的這種觀念可以遠溯到晚唐的張彥遠。張彥遠在唐宣宗大中元年（西元八四七年）完成了《歷代名畫記》，如書名顯現的，這是一本談歷代名畫的書，但書中通通都是文字，看不到任何一幅畫。也就是說，張彥遠必須用文字來描述這些他要討論的畫。這是中國美術史上一個重要類型——「名畫記」——的開端。從此之後，一代又一代的人模仿這種形式，承襲他所開創的文字，將自己看到的名畫記錄下來，實質上「以文代畫」，讓這些作品不會被徹底遺忘。

張彥遠說：

> 自古善畫者，莫非衣冠貴胄、逸士高人，振妙一時，傳芳千祀，非閭閻鄙賤之所能為也。
>
> （《歷代名畫記．論畫六法》）

看過歷代名畫，他發現善於繪畫的幾乎都有特殊的身分，有的是貴族出身，有的是隱逸之士，不只有一時的地位名聲，還能流傳久遠。繪畫這件事，可不是一般市井小民做得來的。

這段話照字面上看，是他從整理名畫作者而來的描述（description），但實則更接近對於畫家身分的一種規範（prescription）。如果你沒有那種或高貴或隱逸的身分，怎麼可能畫得出什麼好畫、名畫呢？繪畫可不是單純的一種技術，還牽涉到技術以外的人的教養性質，只有「衣冠貴冑、逸士高人」能夠具備這種教養性質，也才有可能「善畫」，能畫出那種等級的作品。

必須是「衣冠貴冑、逸士高人」才可能「善畫」，其中一個理由就是張彥遠在《歷代名畫記》中提出的「書畫同源說」，這是他在畫論上的重要貢獻。在〈敘畫之源流〉篇中，他認為遠古有倉頡這種據說長了四隻眼睛的大天才，能夠觀察自然現象而發明文字，揭露了自然的規則，以至於上天落下粟雨，神靈被迫現形。那就是「書畫同體而未分」的階段，後來才依照功能區別開來，文字用來表達意思，畫則用來表現形象。

畫與書關係如此密切，也就使得不識字的人也無法畫畫。好的畫必然出於識字的、有相當文化涵養的人之手。

03 文人畫不是純粹美術，只任由畫面說話

到了宋代郭若虛的《圖畫見聞誌．論氣韻非師》中說：

> 竊觀自古奇跡，多是軒冕才賢，巖穴上士。依仁游藝，探賾鉤深，高雅之情，一寄於畫。

前面的意思和張彥遠說的完全一樣，關鍵的是後面幾句，解釋為什麼高官貴族或隱逸之士才畫得出好作品。因為他們一方面有內在修養，另一方面又有藝術技能的陶冶，所以能突破表面，發掘事物內在的真相或道理，將他們如此的心靈活動，寄託並呈現在畫上。這樣的畫當然精彩，而這樣的畫，當然不可能出自沒有「依仁游藝」條件，也就不會有「探賾鉤深」本事的人。

從張彥遠到郭若虛，我們也就明白了判斷畫的好壞的方式。畫是一個人的「意」所呈現或所寄託的工具，所以重點在於查知並衡量「意」。「意」就是畫背後畫者的人格與精神所凝結而成的，隨著他的人格精神的高低而有高低，並因此決定了所顯現的畫的好壞優劣。重點在於「一寄於畫」的「寄」字，看畫要能還原所寄之意，認識「意」後面的那個人。

這方面蘇軾也有他的說法：

觀士人畫，如閱天下馬，取其意氣所到。乃若畫工，往往只取鞭策皮毛槽櫪芻秣，無一點俊發，看數尺許便卷。漢傑真士人畫也。（〈又跋漢傑畫山二首‧其二〉）

特別區分出「士人畫」，就顯現了不是所有的畫都是文人畫，也就不能用同一種方式來看所有的畫。他所使用的比喻是看馬。一般不會看馬的人，只專注在馬以外的附屬配件、工具上，鞭啦、策啦，用什麼器具喝水吃草，吃的是什麼樣的草料，頂多看看馬的毛什麼顏色，是不是發亮。畫匠畫出來的都是這種瑣碎外圍的形象。與之對比的，合格的文人畫就像真正會看馬的人，能掌握馬的精神，評斷馬的意志能夠到達什麼樣的程度。

這裡也就強調了，要看的不是可以量化衡量的表象，而是某種帶有直覺性質，必須看過了很多很多馬之後，才能培養出的眼光。對文人來說，畫不是本身作為目的而存在的，畫面形象是一套暗碼，像是摩斯密碼，有待通解明瞭的人予以轉譯。去評判一連串的密碼好不好、漂不漂亮，說「28577766」比「38332414」來得好，是沒有意義的，甚至是荒謬的。要有摩斯密碼本的人才能打出摩斯密碼，也要有摩斯密碼本的人，才能解譯出、接收到密碼所要傳達的內容。因而沒有文人身分、沒有文人修養，就無法畫文人畫，也無法欣賞文人畫。

無論是創作還是欣賞文人畫，都需要做準備。而且這種準備往往永遠不會完全。文人所想、所感、所要「寄」於畫面的，遠超過畫面所能承載的，經常還要有詩或有文來輔助解釋、揭密。文人畫不可能是「純粹美術」，不可能只任由畫面說話。

倪瓚說「僕之所謂畫者，不過逸筆草草」，這裡面有一份明確的精神、一份時間的意識。也就是用更古遠的時代來反對在自己之前的一個時代。唐朝的時代意識反映在「復古」上，強調「古意」，也就表示越過六朝，否定六朝的流行。張彥遠整理名畫，分成上古、中古、近代、今人四種時代。「上古」的特色是「跡簡意澹而雅正」，「中古」是「細密精緻而臻麗」，「近代」是「煥爛而求備」，至於「今人」則是「錯亂而無旨，眾工之跡是也」。

很明顯地，變化的傾向是由簡而繁，同時也就愈來愈糟。「跡簡意澹」，是說筆觸、形體很簡單，能傳遞安靜恬淡的意趣；後來卻將畫面畫得愈滿、愈複雜，想要將事物或形體完整描繪出來，要畫得像、畫得美，到了一定程度就變成專門講究細節，而失去布局構圖的整體。看起來畫了很多，卻不知道主題在哪裡，又為了要表現什麼意義。這種情況下，就失去了畫家的精神，沒有可以支撐繪畫的主體了。

04 畫不只有「古意」，還要「追摹高古」

文人畫相信一種繪畫的經濟學，追求特殊的效率。既然作為意義的載體，有效的畫筆愈是簡要，反而愈能表達得更多。張彥遠以此作為對於從六朝到當代畫風發展的反動，提出見解。從六朝到唐朝，還有外來的技術、外來的顏料蔚為風尚。「煥爛而求備」指的就是有了愈來愈多、愈複雜的顏料，讓人可以在畫面上更精確模擬、仿造眼睛所見到的，就刺激了求多求全的貪心。而張彥遠提醒：這不應該被理所當然視為對的、好的變化。

文人畫精神發展到高峰時，趙孟頫這樣教如何作畫：

> 作畫貴有古意，若無古意，雖工無益。今人但知用筆纖細，傅色濃豔，便自謂能手，殊不知古意既虧，百病橫生，豈可觀也？（自跋畫卷）

首要的是「古意」，也就是看起來不像現實，不會被當作是現實的抄寫。沒有這種和現實的距離，畫得再好、再精細都沒有用。「今人」，也就是通俗流行的畫法，畫得很細緻，色彩用得很鮮豔，以為這樣就是本領了，卻不知道這樣就違背了「古意」的營造。一旦失去了「古意」，那就到處都不對、到處都是毛病，畫就不值一顧了。

從張彥遠到趙孟頫，清楚解釋了什麼是「逸筆草草」，那不是真的潦草，更不是草率，而是要求不需「用筆纖細，傅色濃豔」，就能夠畫出很有意思，不只好看，更重要是值得細品才能心領神會的作品。不是給眼睛看的畫，而是給心體會與認知的複合文本。而且也只有「逸筆草草」，才能保證畫出來的畫有「古意」。

宋代米芾還有一個觀念——畫不只要帶有「古意」，還要「追摹高古」。意思是不只要「古」，而且是愈古愈好，愈古愈有價值。對於在他之前、五代時的一些畫家，米芾有詳細的比較評論：關仝的山畫得比較粗，峰巒缺乏秀氣，好的地方是畫河，尤其是畫河的轉曲之處；董源山頂畫得不好，不過絕澗、危徑、幽壑荒迴，也就是讓人看了會覺得心驚的境地，那是他的專長；巨然擅長畫茂密的樹林，能畫出清爽的氣氛；荊浩則最會畫雲中的山頂，能畫出山勢高峻卻厚實的感覺。

其中他最肯定的應該是董源。在《畫史》中，他稱讚董源「平淡天真多」、「近世神品格高，無與比也」，最關鍵的一句是「唐無此品」。董源好到什麼程度呢？好到不只超越了他自己的時代，還超越了唐朝。我們今天說超越時代，指的是開後世的風潮，但在文人畫的觀念裡，超越時代是相反方向的，是往歷史回溯的。離今愈遠，不只「古」而且「高古」，就愈是了不起的成就。

對於「高古」的追求，也同樣出現在蘇軾身上。蘇軾和米芾都身兼書家和畫家身分，只是我們今天對他們的畫無法具體地認識、討論了。在繪畫上，蘇軾嚮往的「高古」典範，是唐代的王維。蘇軾、米芾他們在建構一套新的美學標準，以這個標準往前尋找、重建原本其實並不存在的系譜。

05 院畫的「加法」vs 文人畫的「減法」

雖然「文人畫」這個名稱要到明朝才正式固定下來，然而其觀念與事實顯然早於名稱。文人畫的發展有著特殊的雙向性，往下傳承的同時，還以「高古」的標準往上追尋系譜。「高古」既是時間上的描述，更是風格的規定。近世文人也能畫出「高古」的畫，倒過來看，也不是古代的畫家作品就都自然具備「高古」的性質，那麼「高古」到底是什麼？

米芾強調董源的畫中有一份「天真」，再和倪瓚的話對在一起，我們大致可以理解，那是一種能夠用疏落、簡單筆觸創造畫面風景的能力。另外，五代時荊浩說過的一句話，宋代之後經常被引用，那就是「去華方能取實」，用花和果實的前後關係做比喻，只有花落了才會結果實，引申為作畫時必須捨棄華麗繁複的表現，才能掌握真實，也就是才能「真」，才有「天真」中的「古意」。

要表現真實，就不能華麗。「反璞」才能「歸真」。落實在繪畫上，「璞」和「真」的對應，也就是反對複雜的筆法與細節的修飾。而複雜的筆法和細節的修飾，正是「院畫」的風格。

宋朝皇帝重視繪畫，在宮廷中設「畫院」，招了一群畫師，畫師之間彼此影響，就產生了一種重視技法、甚至競爭技法的風格。要表現技法，那就非得畫得複雜，強調細節擬真，並多加裝飾不可。院畫的千古經典傑作，就是北宋張擇端的「清明上河圖」，如此細膩、如此繁複、如此栩栩如生，必須掌握高超的技巧，加上超人的耐心才能完成。

然而從文人的關懷來看，這種院畫不管畫得再怎麼細膩生動，卻無法逃避最根本的問題：這是為了表現什麼樣的精神而畫的？這種圖畫中沒有「作者」，沒有一個主觀在領受這個世界、並賦予其意義的精神主體。光是將現實存在的現象如實地畫下來，不一樣的人掌握了同樣的技巧都能夠做到，那就不能說有很高的價值。

相應於院畫的眾多繁複線條、眾多豔麗顏色，文人畫發展出反向的美學觀。院畫在形與色上是「加法」的，文人畫則是「減法」的。所謂「逸筆草草」，意味著畫面所顯現的是現實經過「減色」、「減形」處理後的一種心象反射。

文人畫絕對不是因為顏料不夠，所以呈現為黑白的，這是主觀價值上的刻意選擇，要讓人一眼就看出畫不是複製自然的顏色、形體而來的。那是他們認定的真實，藉著讓畫面上的顏色盡量簡樸來呈現。而且針對院畫繁複筆法的「人工」性質，也轉而以「減形省筆」來去除人工、趨近真實。

文人畫反對人為，太繁複的形體、太鮮豔的顏色一看是人工鋪陳的，就被他們排除在外。董其昌是文人畫概念最重要的集大成者，他將明代之前的中國山水畫分為南北兩宗。北宗風格豪邁雄渾，南宗相對清雅幽淡；北宗謹細繁瑣，講究精工，所以缺乏文人氣，南宗則以自娛為念，畫中有閒逸之氣。北宗由唐傳到宋、元，逐漸式微沒落了，南宗則相反地隨著時代愈來愈盛。

「去華方能取實」，那「華」指的就是依靠人工畫技加上去的裝飾，使得畫面華美、華麗。最好能拿掉就拿掉，這是畫與意義之間的經濟學，相信、追求「少即是多」。繁複的畫面讓人看得眼花撩亂，迷失在形與色之間，無從體會意義，簡單的畫面反而能承載更多。

「少即是多」(less is more)，這不是西方現代主義美學最重要的口號嗎？是的，現代主義美學和中國傳統文人畫有許多相通之處，可以在作品和思想上進行多層次的呼應對話。

06 山水畫的自然，有主觀自覺的改造

在文人畫的傳統中，還出現了對於「自然」的狂熱。「自然」有雙重意思，作為名詞指的是「大自然」，或英文中大寫的 Nature，那片沒有被人工改造的環境；作為形容詞指的則是「自然而然」，在人之外的一種超越的規律、秩序，不依賴人為力量都必然會存在、會變化的。

《歷代名畫記》中收錄了很多不同題材的作品，有山水、有花鳥、有人物、有宴飲等等，然而宋代之後，尤其愈到後來，正統的文人畫就愈是聚焦在山水上。山水畫愈來愈普遍，也愈來愈重要。山水畫以自然為對象，然而刻畫自然卻又不是這種畫的真正目的。

南朝宋的王微寫過〈敘畫〉，文中主張山水畫最重要的是超越物理性的感官限制，去模繪更廣遠或更精微的。這表明了中國山水畫不是如實寫生而來的，就算你面對現實的景象，也不是我手寫我眼，單純將看到的畫下來，而必須有主觀自覺的安排考量。

畫是平面靜態的，畫山水卻要能畫出讓人似乎感受到雲在動、風在動、樹在動或水在動。靜的畫面能傳遞動的感受，這就是「靈動」。此外，畫出來的山水不是客觀的，而是要能表現看山水、感受山水的人，他的主觀意念賦予了這個景象的意義。

例如倪瓚的名畫「雨後空林」，其靈動一部分就存在於這個標題上。他畫的不是客觀的一座林子，而是剛下過雨，在那種雨方停歇的情境下，特別感受到林子被洗滌過了般，洗去了所有和人有關的塵俗，因而顯現出空寂來。

再者，畫出來的山水還要經過有意識的改造，不能只是搬弄具體的視覺元素。畫的不是山水的「實然」，毋寧是經過了主客交融互動後，山水的「應然」。每個人心裡都有一幅理想的山水，對應這樣的心情、這樣的人生意趣，而應有這樣的景象。想像裡的山水是畫出來的山水的根本和原型，比真正畫出來的作品更重要。

正因為山水畫有長遠歷史，很早就被賦予這樣的豐富意義，所以在文人畫中取得了特殊地位。不過在北宋之前，中國山水畫的大宗是「遊觀山水」，意指繪畫的目的是將山水搬到紙上，讓人能夠看著畫，就得到了「遊觀」的體驗。也就是說，觀畫帶有取代進入自然山水的作用。到了北宋之後，在文人畫潮流影響下，逐漸從「遊觀山水」轉為「書齋山水」。

倪瓚「雨後空林」（臺北故宮博物院藏）

「書齋山水」的重點不在畫家不出門、不寫生，坐在家中書房裡靠想像畫畫；而是說畫的重點從被觀賞的山水轉移到坐在書齋裡看畫、看山水的人。「遊觀山水」中，主角是山水，人被邀請來遊賞山水畫面；但「書齋山水」的主角變成了畫山水的心情，畫是畫者表達生活逸趣的一種形式。

07 「作畫妙在似與不似之間」

倪瓚說「僕之所謂畫者，不過逸筆草草，不求形似」。關於「形似」，蘇軾也有一首詩〈書鄢陵王主簿所畫折枝二首．其一〉：

論畫以形似，見與兒童鄰。
賦詩必此詩，定非知詩人。
詩畫本一律，天工與清新。
邊鸞雀寫生，趙昌花傳神。

何如此兩幅，疏澹含精勻。
誰言一點紅，解寄無邊春。

這是以詩論畫，說得很直白，開頭就說如果看畫是看「畫得像不像」，這種見解程度和隔壁的小孩差不多。這就好像讀別人的詩，引發想寫詩的衝動，卻一定要寫出和原來一模一樣的詩，怎麼能叫做懂詩呢？畫者被物體形象引動，當然要畫出不一樣的形體，這才是有價值的畫。畫和詩有著同樣的標準，都是要擺脫「人工」、追求「天工」，即自然中的那份清新之感。

這樣的精神一直貫串到文人畫的最後殿軍齊白石，他說過：「作畫妙在似與不似之間，太似為媚俗，不似為欺世。」畫要既像又不像，太不像和太像都不對。畫得維妙維肖，那是「媚俗」，因為任何沒有眼光、沒有品味的俗人都能欣賞，都會讚嘆：「畫得那麼像！」那是一種純技巧的炫耀，其中並沒有自己的觀點或感情。

畫得太不像，那是「欺世」，意味著繪畫還是有一份道德承諾，畫出來的應該和真實世界有一份連結，不能鬼畫符。「畫鬼容易畫虎難」，因為真實存在的老虎形象是有標準的，要畫沒人見過的鬼卻可以任意而行，別人無從覆案、無從檢驗。

雖然強調不要畫得很像，但中國的繪畫也並沒有朝純抽象、純粹的形體線條色彩之美發展，底層一直保留了文人的一種寫實價值。那不單只是美學考量，更是道德上的原則。畫得太不像，為什麼是「欺世」，騙了你什麼？因為畫了這個世界上不存在的東西，藉由畫工讓你以為這樣的東西是存在的。這不可以。這在文人重視現世關係、現世責任的思想裡是犯規的，違背了孔老夫子「未能事人，焉能事鬼」、「未知生，焉知死」的規訓。

大傳統中迴避不存在的東西，因為那都有涉及妖魔鬼怪的嫌疑。蒲松齡的《聊齋誌異》寫人以外的狐、鬼、仙，讓他們和人發生關係，保留了人際的現實性，才能取得較高的合法性。然而同樣寫鬼故事的紀曉嵐，卻批評蒲松齡的《聊齋誌異》有太多虛構想像，強調自己的《閱微草堂筆記》都是有親歷或傳聞依據的。這是堅持真實性的另一個相關例證。

不能太像，又不能畫沒有現實基礎的形象，依循這樣的標準，齊白石的畫作主題看去就是日常物品，諸如魚、柿子、螃蟹等，一眼就知道是什麼。但再認真看，畫中之物和日常我們看到的實物卻又有著幽微的不同。

近世文人文化中最重要的主題是山水，所以山水也要畫得既像又不像。對於這樣的山水畫，該如何評斷其好壞？關鍵就在畫出來的山水能夠將畫者的人格與意境傳遞、表達到什麼程度。這牽涉到畫者的心情，因而也就聯繫到文人是在什麼樣的心理狀況下作畫。

08 文人畫經常顯現一份荒枯

一般來說，文人在困窘、挫折時作畫的機率，要高於宦途順利、飛黃騰達時。有好官可以做，那就有各種事務要處理，還有儀式和應酬，忙得沒時間作畫，更沒有什麼要寄託在山水形象之間的心情。

相對地，有一句很流行的說法：「去黃州，死了一個蘇學士，活了一個蘇東坡。」蘇軾被貶謫到荒遠的黃州，遠離權力中心，「蘇學士」的身分失去了意義，但他人生的意念與視野因此都不一樣了。他有很多時間，觸發更多的感受，於是他的文、詩、詞、書、畫都成為這些感觸的發抒與寄託，塑造了後世我們所認識的那個蘇東坡。

既然是反映這種心境，北宋以降的文人畫難免有一種根底的「澀」味。「澀」是從味覺、口感衍生過來的，不那麼滑順，不是單純的愉悅，而帶有一點苦味、一點不舒服。這一點上，宋詩和文人畫有共通之處。和宋詩相比，唐詩是開闊的，由內而外延展。宋詩卻追求戲劇性的轉折，要有奇險之處，不走大馬路，而要尋出彎曲遮蔽的風光。這也是文字上一種「澀」的效果。

宋人具代表性的書法，例如蘇軾、黃庭堅所寫的字，也都既不像顏真卿、歐陽詢那麼方正，也不像王羲之、王獻之那麼秀麗，而是表現出一些特別稜角，那是書法相應的「澀」。

文人畫反映了文人不遇或遭難的心境，經常顯現出一份荒枯，這種「澀」和書法之間也有著密切的關聯。

在文人畫的傳統中，「書畫同源」不只是一個觀念、一個說法，後來更落在「墨竹」上得到實踐。為什麼重視畫竹子，將畫竹子視為重要的工夫？因為畫竹子的筆法和書法筆畫最為接近。

宋代書法格外凸顯「飛白」，就是利用較乾的墨寫字所造成的效果，不是全筆濃黑的，而是在筆畫中間出現白色，是乾筆叉開所造成的。到了南宋之後，「飛白」又被大量運用在繪畫上，用來表現枯竹、枯枝或奇異的山石。原本院畫中高度發展的皴法，在文人畫中被簡化、甚至被揚棄了，轉而引用書法裡的「飛白」，更適合表現荒枯的景致，和不遇、挫折的心境相呼應。

09 題畫詩：提示觀者如何體會畫境

文人畫有一套「畫應該是什麼」的想法，不過相信「畫應該是什麼」的人事實上畫出來的作品，不見得會和想法是同一回事。主要是這套想法太高遠，也太難以實現了。要減色、減形，又要忠實反映出一個文人的心境，哪有那麼容易？思想上主張減色、減形，認為比細筆模仿更能表現真實，這是用說、用寫的概念，而不是從手上、從畫面上經過反覆實驗得到的體會。也就是說，要追求的目標和實現目標的技術並沒有經過檢驗。

文人畫的概念遠比其成品要來得精彩、來得吸引人。因為文人畫的概念本來就是朝向一個現實上不見得能完成的理想，也不那麼在意一定要在現實上完成。例如「跡簡意澹」，真正在畫面上顯現的是「跡簡」，也就是簡單的筆跡，但要如何保證那能傳遞恬淡的意境？更麻煩的是，畫應該要傳遞主觀的感受與心情，但如果畫者自己覺得畫入了感受與心情，觀者卻領受不到，或者觀者猜錯了感受與心情，那怎麼辦？

豐富的概念與落實上必然相對的貧弱，就產生了巨大的誘因，使得文人在畫上動手腳，以尋求協助。要增添其他元素來幫忙達成概念上的目標，其中一個幫手是「畫題」，藉由題目來告知畫中的意念。畫題愈來愈複雜，又衍生為「題畫詩文」。

標題是畫的一部分，畫的內容與意義離不開畫的標題。例如倪瓚的「雨後空林」，因為有畫題而讓觀者感受到其中的濕潤與空闊；例如李唐的「萬壑松風圖」，因為有畫題而讓觀者感受到松風。畫面上有山、有谷、有松，本來是沒有風的，但知道了畫題之後，我們就可以明瞭山、谷與松的存在，是為了描繪出那樣容易起風的環境。還有南宋馬麟的「靜聽松風圖」，比「萬壑松風圖」稍微清楚一點，畫了一個人在那裡聽風，不過如果不看畫題，我們恐怕還是不知道那個人坐在山中做什麼。標題是文人畫落實其高蹈理想的其中一種工具。

宋徽宗是最早固定在畫作上題詩的，和他字寫得好也有關係吧，字漂亮不妨在畫上多寫幾個

李唐「萬壑松風圖」（臺北故宮博物院藏）

字。那時候的題畫詩不脫圖說的性質，詩中內容就是講解畫面的。愈往後來，題畫詩的空間就愈大，不見得直接談畫的內容，轉而要引導觀者如何看畫，或提示觀者應該如何體會畫境。

題畫詩的形成過程也變複雜了。前面提到倪瓚的「雨後空林」，就是先畫好了畫，然後去找了張雨作詩，再找了吳叡用隸體寫上去。詩的內容是：「望見龍山第幾峰，一峰一面水如弓。蒼

馬麟「靜聽松風圖」（臺北故宮博物院藏）

林茅屋無人到，猶有前時躡屐蹤。」意思是，看到數不清連綿的幾座山峰，每座山峰有著不同面貌，而河川只有一條，形狀如弓般彎流而過。樹林裡有茅屋，茅屋裡沒人，而且有一陣子都沒人來了，卻還留著之前足跡的感覺。這裡刻劃出一種介於有人和無人之間的曖昧辯證。

到了戊申年，十多年後，倪瓚自己又在畫上題了一首詩，由自己來寫。可是寫上去的第二個字是錯字，就在旁邊點了兩點表示寫錯了。全詩是：「雨後空林生白煙，山中處處有流泉。因尋陸羽幽棲去，獨聽鐘聲思罔然。」下過雨的空林中煙氣飄蕩，也是因為雨後，所以到處都是流泉。有好的泉水，就想學陸羽幽居煮茶，卻只能聽著鐘聲空想。

原本在概念上應該由畫面傳遞的主觀感受，這時就挪移到題畫詩，讓題畫詩來表達了。從此詩、書、畫結合在一起。基本上，如果沒有詩來說這些意念，可能無法單純依靠畫承擔起文人畫概念中那麼高、那麼多的追求。

10 保存在畫論中的文人畫核心價值

詩、書、畫的複合形式，後來又和中國傳統書畫的收藏、流傳密切相關。畫畫的人可以在畫上題字，題字產生了畫的附加價值，而不是對畫的破壞，於是就刺激了收藏者一項巨大的動機。之所以買畫、收藏畫，因為就可以在上面加寫一首詩，將自己的詩文連帶名字留在那幅畫上。於是畫上有詩，也有文說明畫和詩的來歷，又有新的詩和文進一步鋪陳……，如此層層疊疊，不只詩、書、畫之間構成互文關係，還要再加上時間前後不同的詩文題簽之間的另一種互文關係。

名畫之所以為名畫，幾乎都經過了許多手，很多人在上面題字，空白地方都寫滿了，還要加貼紙再寫。作品一直增長，到後來幾乎難辨本來的面貌，不過也因此保留了畫的收藏經過與歷史記錄。

還不能漏掉的是，後來的收藏者有時會在畫上蓋印章，有標示名字和所有權的印章，也有閒章。如此一來，文人畫就成為一個會累積增長的載體，和西洋的畫大異其趣，也和近世之前的中國畫不一樣。我們應該如此理解、掌握文人畫上詩文的來歷與作用。

明代有兩本重要的畫論，一本是董其昌的《容台集》，另一本是唐寅（唐伯虎）的《畫譜》，記錄了同樣的一段對話。對話的雙方是宋末元初的趙孟頫和錢選，兩人談論的是「士畫」與「士氣」。

趙孟頫問錢選，畫裡要如何看得出「士氣」，也就是「文人氣」呢？錢選的回答是：「隸體耳！」回到那個時代的語意，表示關鍵就在「無求於世」，也就是要有一種「業餘性」。對應於畫院裡的那些職業畫師，文人不是為了要吃飯、要賣畫換錢、要獲得利益而畫的。

「隸體」不只是身分或動機的說明，更是一種強烈的態度。在文人畫裡由畫家自己題寫的字句中，經常出現「漫作」、「墨戲」、「戲筆」等詞語。這表示了畫者和畫之間的關係正是倪瓚所說的「聊以自娛耳」——為自己而畫，作為一種生活遊戲而畫。這也同樣接近第六講中提到的席勒的哲學概念——有些重要的價值，只有在沒有現實目的的情況下才能彰顯出來。在自由中，沒有院畫規則，沒有利益考量的討好妥協，才會有的個性。「聊以自娛」，表明畫的是只顧慮自己喜好高興的作品，是最忠於自己、最真實反映自己的個性之作。

類似的態度，在書法上也有「帖不如信，信不如稿」的說法：正式寫了打算給人家看的字，反而沒有隨手寫在信上的字好；信上寫的字又不如完全是為了自己、打草稿時寫下的字。

這都凸顯了：第一，樸實高於華美，隨意高於刻意，真性格的顯現高於表面裝飾。第二，自然與人為的對比，當然是自然比人為重要。第三，個性與規律之間的緊張關係。樸素、自然、個性，是文人畫的核心價值。

這些核心價值主要保存在畫論中，不能離開畫論去理解文人畫。看了再多文人畫作品，如果不接觸、不讀畫論，就還是隔了一層，無法掌握這些畫在表現什麼。另外，還有更多關於畫的理念、想法，甚至不在畫論裡，而是存在於表面上看起來和畫沒有關聯的文章裡。例如討論自然的、解釋書法的，甚至探索音樂的。

在近世文人文化中，「琴」、「棋」、「書」、「畫」的內在精神是互通的，彼此發明、彼此加強。

11 擔負文人間酬答到深度交流的集體成就

很可惜的一件事是，從文人畫發展出的觀念，也就不容易重視、講求將畫好好保存下來的條件。如果用更好的紙，或是探研能夠維持更久的墨，那就刻意了，失去了隨興的自然。因而依循著文人畫的精神，這樣的作品很容易毀壞。在那樣的環境氣氛中，大部分的文人都習畫，在不講究形似的標準下，很容易上手。理論上，中國近世應該產生了大量的文人畫作品，那是一種集體現象與集體成就，而且擔負了文人間一般酬答到精神深度交流的功能。

《全唐詩》收錄了那麼多詩人的那麼多作品，相形之下，時代更接近我們的宋代，卻只留下了那麼稀少的畫作，以至於我們其實無法憑藉如此稀少的樣品，去還原、認識宋代的文人畫。這是之所以只能就觀念論畫，而無法就作品論畫的另一項根本的歷史原因。

第九講

禪宗與中國本土佛教

01 禪、慧合一，禪宗的核心教義

由歷史的角度看「禪宗」，我們最先看到的是，到了近世時期，禪宗已經在佛教諸多教派中脫穎而出，經歷了教理和組織上的本土化，成為擁有最廣泛群眾基礎的主流。唐代在佛教中國化的過程中，出現了「天臺」、「華嚴」等印度所沒有的思想變化發展，但到了近世之後，在社會上爭取信徒方面，這些宗派都無法和禪宗競爭。

「禪」或「禪那」是印度佛教術語 Dhyāna 的翻譯，有時又依據其性質譯為「禪定」，在印度佛教中原本指的是一種方法、一套工夫。佛教主張一切都是因緣，要解脫痛苦，就得靠著具備看穿所有因緣偶然性本質的智慧。而「禪」或「禪定」就是讓人能夠心念止息，不受外界刺激影響的訓練。痛苦其實就來自這些騷動，使我們無法看清事物沒有本性的真相，因此必須息心觀想，看清楚因果與偶然。

雖然中國的禪宗追溯到從印度來的達摩法師為「初祖」，然而中國禪宗的主要精神，其實已經不是原始的禪定了。達摩最有名的故事之一，就是他長期面壁修行，這原本是禪定修練的一種極端形式與極端成就。可是到了中國，禪定變成了佛教的一種基本工夫，從打坐吐息到禁食靜思，並不限於禪宗。中國禪宗的核心教義，是將「禪那」與「波羅密」（Paramita）結合為一，也就是「禪」、「慧」合一。

Paramita 指的是了解因果，明白了本性虛妄之後所形成的洞見與智慧，看見了一般人看不見的，體會了一般人體會不到的。而要得到 Paramita，Dhyāna 是其中重要且關鍵的手段。這兩者之間是有層次的，為了要追求 Paramita，透過 Dhyāna 而得到了 Paramita，人才能離開原本的迷惑，解脫痛苦，並且改變輪迴過程，轉而趨近涅槃。這是原本印度佛教的程序。

然而中國禪宗最大的特色，就在堅持「禪」與「慧」不能分開，不是手段與目的的兩回事。「禪即是慧，慧即是禪」，修行本身就是一種洞見與智慧，而洞見與智慧不可能在修行之外、離開修行而取得。

禪宗初祖達摩是長期面壁禪定以求終極智慧，而禪宗在中國發展最重要的「六祖」惠能，最有名的卻是留下這樣一段「偈語」隔空對話的故事。

神秀法師的偈語說：「身是菩提樹，心如明鏡臺，時時勤拂拭，勿使惹塵埃。」清楚表達出原始禪定所追求的。人的內在有慧根，像一座明鏡臺般，是我們用來照見世間的種種紛亂、偶然與無常，但是明鏡不會總是「明」的，因為上面經常會染上塵埃，所以就必須有持續不斷的工夫，勤勞擦拭鏡子般，幫助我們將明鏡保持在可以如實照見的狀態。顯然，禪定就等於「勤拂拭」，是很重要的手段。

但惠能法師的偈語卻說：「菩提本無樹，明鏡亦非臺，本來無一物，何處惹塵埃。」這就根本質疑有一種擦鏡子的工夫嗎？要擦鏡子，必須先假定鏡子的存在，然後透過那面鏡子來照看世界。但如果我們還需要依賴鏡子才能照見世界，那就無法看透鏡子或任何的手段，也都是偶然、虛幻的，那就不可能真正得到智慧。

因為這一則惠能口述的偈語，原本要傳給神秀的衣缽就轉而給了甚至不識字、無法自己在壁上寫偈語的惠能。這就是印度禪宗到中國禪宗的大變化。神秀的問題並不是理解不夠深，或偈語寫得不好，他其實是給了原本禪宗傳統中的正確答案。相對地，惠能的答案卻不是本來禪宗有的，而是將道理更往後推了一層所得到的新推論。

02 「人雖有南北，佛性本無南北」

今天我們對惠能的認識，基本上來自《六祖壇經》，這是出於禪宗新派的一份文獻，很有效地用來傳教與對抗舊派，其內容不能直接視為歷史事實。書中將惠能的生平建構成一段了不起的傳奇。

惠能在唐貞觀年間出生，活躍的時代大概在武周、中宗朝左右，他不只不識字，而且來自嶺南，當時仍然被中原歧視的蠻荒化外之地。依據《六祖壇經》的記錄，惠能家裡很窮，以砍柴為生，某天將砍下來的柴送到客店時，聽到有客人在誦唸《金剛經》，他立即有所領悟，就問人家說：「你唸的這東西是從哪裡來的？」那個人顯然對佛教淵源認識不深，只知道自己手上的《金剛經》是從東禪寺取得的。東禪寺遠在湖北，是禪宗五祖弘忍主持的寺廟。於是惠能就下定決心要去東禪寺。

他那麼窮，過得那麼辛苦，全憑一股意志力，花了三十多天從廣東到了湖北。在東禪寺他見到了弘忍，法師問他：「你是誰？從哪裡來？來這裡做什麼？」他就回答自己從嶺南來，「惟求作佛，不求餘物。」好大的口氣，一方面顯示了他的無知，不知道哪有人一開始就要成佛的，也不知道在別人眼中成佛有多困難；另一方面也表現出他的天生慧根和別人不同，世間其他事物他都沒興趣，一心就是被成佛吸引。

弘忍聽了，用「獦獠」兩字形容惠能，他所來的嶺南地區是動物住的地方，不是文明開化之處啊！從這種地方來，竟然開口就要成佛？惠能繼續大剌剌地回應：「人雖有南北，佛性本無南北。」和尚和獦獠雖有差別，但這會是佛性的差別嗎？修行成佛和我們的出生身分有關係嗎？

佛教的核心教義就是去除差別，理解一切現象都受因緣操控的共性。惠能依照素樸的直覺，質疑、否定了在佛寺中對於出身的計較。聽到這樣的回答，弘忍感覺到他的與眾不同之處，就將他留在後院裡打雜工，幫忙舂米、砍柴。

中國佛教從東晉竺道生就提出一個困擾的論題：「一闡提也能成佛嗎？」「一闡提」是佛經中記錄品行最壞、行為最邪惡暴烈的人，落入地獄受各種懲罰。竺道生故意提出一闡提，主張一闡提也能成佛。

在當時，佛教《大般泥洹經》已經翻譯傳入，經文中明白表示一闡提是無法成佛的。當然就有人以《大般泥洹經》的權威質問竺道生，不料竺道生卻堅持立場，甚至賭咒說：「這件事如果我講錯了，我就下阿鼻地獄！但不會出現這樣的事，我是對的，將來你們都不在了，我都還在座上講經。」

這個論題不可能有確切、共識的答案，於是幾百年來關於誰能成佛、誰不能成佛、成佛必須具備什麼條件，進而佛性是否是普遍的、普遍到什麼程度，是佛教界長期關切討論的大問題。因而聽到惠能回答「佛性本無南北」，弘忍不見得會覺得很驚訝、很意外。

03 五祖弘忍為何選擇惠能接其衣缽？

惠能在東禪寺住了八個月，弘忍給了弟子們一個功課，要他們寫一首偈語以表現自己對於佛法的認知。當時寺內早已有共識，大家都知道在佛法修行上，神秀排名第一，既然都寫不過神秀，也就沒有其他人去交這份功課。在眾望所歸下，神秀壓力也很大，寫好了偈，幾次想要呈給弘忍，又下不了決心，只好偷偷將自己的想法題寫在牆壁上，看看會得來怎樣的反應。

這其實不就已經是心機了嗎？而且從師父到神秀到同門，大家都捲入種種算計考量中。唯一不在算計考量中的，只有舂米坊裡做工弄不清狀況的惠能。他聽到一個小童唸著神秀的偈語，就覺得不對勁，後來傻傻地找了人幫忙，將他回應神秀偈語的內容也寫到牆上去。

故事的傳奇性在於，弘忍看到了這兩首偈語的對照，就到舂米坊找惠能，給他暗號（「以杖擊碓三下」），讓惠能三更時到方丈室，為他講授《金剛經》，並將衣缽傳給惠能。不只是不公開地傳衣缽，還要他趕快離開，盡速逃往南方。

《六祖壇經》的傳奇故事凸顯了惠能高於神秀的佛門領悟，解釋了南方禪宗的正統來歷，還順道打了北方禪宗一把，將他們刻劃成充滿心機算計，為了位子與權力，甚至會訴諸威脅、暴力等手段。

東禪寺有其背景，對於弘忍選擇惠能接其衣缽是有關係的。初祖達摩傳給二祖慧可，慧可留下來的故事也就是「禪宗機鋒」的源頭。慧可去見達摩，向師父祈求心安，達摩對他說：「那你得先將你的心交給我，才能幫你安心。」慧可想了一下，對師父說：「我找不到自己的心在哪裡。」達摩就說：「我已經幫你安了。」

意思是你不能叫別人幫你安心，只有自己做得來這件事。而祈求心安的起點，是先認真尋覓、理解自己的心究竟在哪裡，而提醒你如此去尋覓、理解，也就是他人（包括師父）僅能為你做的。

慧可活到一百零七歲，竟然還遭到追殺而死於非命。之前他將衣缽傳給三祖僧璨時，也交代僧璨：「汝受吾教，宜處深山，未可行化，當有國難。」不是叫他去廣為弘法，反而是預期有國難，所以要他到深山裡躲起來。

雖然史料不足，無法弄清楚細節經過，但大致看得出來，禪宗其實是處於邊陲，並受到主流宗派排斥、迫害，甚至也為社會所誤解、敵視的一個宗派。弘忍的重要貢獻，是將這個邊陲宗派予以正當化、正常化。照說考量禪宗的發展，他應該選擇神秀，選擇一位出身良好的繼承人。然而顯然東禪寺的這個宗派，確實和普遍的佛教領域有著價值與信念上的差距，所以寧可選擇惠能，並要他離開中原的主流地區。和二祖告誡三祖的一樣，維持一種地下性的教團形式，不要公開，更不可以大張旗鼓地傳教。

04 徹底「佛性之前人人平等」的觀念

惠能連夜出逃，還真的有追兵在後。其中有一個出家之前當到將軍的，名叫陳惠明，靠著軍事背景吧，找到、追上了惠能。依照《六祖壇經．行由品》上的記載，眼看逃不掉了，惠能就將衣鉢放在石頭上，讓陳惠明自己去取。那麼輕的衣鉢，卻讓武人出身的陳惠明費盡了力氣都搬不動。陳惠明察覺惠能定非凡人，於是就轉而請教他：「如何是我本來面目？」

惠能回答：「既然你為佛法而來，那麼你能不能『屏息諸緣，勿生一念』？」意思是你一定知道佛法的根本道理，必須先清空意識到一個念頭都沒有，你才能認識「本來面目」。陳惠明試了很久都做不到，於是惠能再教他：「不思善，不思惡。」要先去除好壞善惡的分別心，沒有任何評斷，那才是本來面目。

這等於是六祖第一次弘法，說服了陳惠明，逃過了劫難。不過他並沒有馬上就成為宗派之主，而是先流轉在南方山間，長達十五年的時間，不只沒有追隨的信眾，甚至都還未取得正式的出家僧人身分。這十五年中他做了很多事，包括幫忙人家打獵，卻在負責守網子時藉機將落入網中的動物放走。

十五年後他去到廣州，在法性寺遇上印宗法師正在講《涅槃經》。忽然一陣風來，看到旗子飄搖，一名僧人說「旗子在動啊」，另一名僧人抬槓說「不是旗子動，是風在動」，二僧為此爭執起來。惠能聽見了，就忍不住插嘴說：「不是旗子動，也不是風動，是人心在動。」

法性寺的住持印宗法師知道了這件事，覺得能說出這種話的人定非凡人，就替他主持了剃度，惠能才算正式出家，然後才又公開他是弘忍衣鉢傳人的身分。

惠能一輩子都不識字，不能筆寫、只能口述。部分口述的道理，就記錄在《六祖壇經》中。因為是口述記錄，所以接近說話，不是一般的文言文，這和後來理學中大為流行的「語錄」有很密切的淵源關係。另外，佛教傳入中國，早在唐代就分出明確的層級，「經」是佛祖留下來的教訓，或記錄佛祖的生平故事，若是後人衍生解釋佛法的，中文裡就翻譯為「論」。但《六祖壇經》卻稱「經」，可以看出要和原本印度傳統區隔的用意。這不是印度的經典，而是純粹中國的一份文獻。

流轉了十五年後，惠能又回到廣州發展，提醒了我們整個禪宗的運動，基本上是由南而北的。查看禪宗自訂的系譜，幾位有來歷可以查考的領袖，其共同特色都是來自長江以南，而且都出身卑微。

禪宗所提倡的信仰，有一部分是北方正統佛教所無法容忍的，所以必須在相對野蠻、邊陲的南方，才找到創造性的空間，容許新鮮想法能夠發展。而且禪宗和士人保持距離，和庶民大眾相對較為親近。禪宗之所以在近世社會取得那麼大的勢力，因為它將佛教從一個菁英社會流行的信仰，變化普及為大眾的信仰。

不是說以前的佛寺裡沒有大眾，而是一般認定大眾只能信，不能思考、不能理解、不能修行。大眾信仰的方式是燒香拜拜、唸經祈禱，卻無法弄懂佛祖所說、佛經所記載的道理。然而有了不識字的領袖的禪宗，卻主張每個人都能思考、都能了悟。禪宗最大的特色，也就是《六祖壇經》中記錄惠能一開頭對弘忍所主張的「佛性本無南北」，那是一種徹底「佛性之前人人平等」的觀念。

05 不立文字，萬法盡在自心

《六祖壇經．決疑品》中說：

> 自性迷，即是眾生；自性覺，即是佛。慈悲，即是觀音；喜捨，名為勢至。能淨，即釋迦；平直，即彌陀。

這一段話的關鍵字是「即」，就是要強調「只是」、「只不過」，也就是將差異降到最低的意思。只要做一個正常不扭曲的人，就已經是「彌陀」。只要能在心上不沾染髒汙，而且能夠幫助別人將心上的髒汙除乾淨，就是「釋迦」。佛和不是佛之間的差別，也不過就是覺悟和沒有覺悟而已。

過去在佛教教理上與組織上凸顯的層級區分，所有這些看起來很有深奧來源道理的名稱，在禪宗裡都被打破，集中在自體的覺悟上。只要自體覺悟了，就不再需要什麼出身、什麼社會條件、什麼修行工夫，也不需要做多少善事，經歷多少輪迴才能達到。

《六祖壇經．般若品》中說：

善知識，不悟，即佛是眾生；一念悟時，眾生是佛。故知萬法盡在自心，何不從自心中頓見真如本性？《菩薩戒經》云：「我本元自性清淨，若識自心見性，皆成佛道。」《淨名經》云：「即時豁然，還得本心。」

就算累積了很多關於佛教的正確良好知識，但如果沒有內在的醒悟，那也沒有用，仍然停留在「眾生」的等級，無法突破成為佛。對照後面一句，則更明顯地貶抑知識，和覺悟的重要性不能比擬。完整的佛法並不在「善知識」中，而在「自心」，所以應該往內悟見本性。而且這種悟，是「頓」、是「即時」，表示不是累積知識或工夫得來的。

《六祖壇經．般若品》中又說：

迷心外見，修行覓佛，未悟自性，即是小根；若開悟頓教，不執外修，但於自心常起正見，煩惱塵勞常不能染，即是見性。

向外追求，仰仗修行，卻不能向內悟得自性，那是不穩固的根基，站不好很容易就被吹倒、搖倒了。如果能頓時開悟，也就是經歷信仰的飛躍，感覺自己突然變成了另外一個人，那就根本不需要外在的修行。從自心下工夫，不要沾染世俗煩惱，維持成為常態，那就是「見性」。

因而追求解脫成佛是自己的事，可以藉由自體的力量完成。「萬法盡在自心」，那麼也就不需要那麼多工具，佛經是工具、禪定打坐是工具、戒律是工具、佛寺也是工具，都沒那麼重要。不要將工具錯認為目的，看成和佛性同等重要，人人皆有佛性，因為佛性就在你自己心裡。

禪宗的一項大革命，就在於看待佛經的態度，將佛經從「聖書」，也就是了解佛祖所教授的神聖道理為唯一的依據，降等為通向覺悟的工具之一，而且還不是最好、最重要的工具。禪宗「不立文字」，不只表示從一個不識字的六祖帶領轉型的這個團體，不會刻意留下文字記錄，更表示他們不重視文字在傳教與成佛上的作用。

印度佛教在漢末魏晉時進入中國，那時候中國文化的基本價值觀早已確立。其中最核心的一項，就是對文字、文書、文獻的重視與信任。

運用表音文字的西方文化，認為文字是語言的不完整記錄，語言是原始的、真實的，文字則是衍生的、不完美的鈔本。所以語言比文字重要，只因為語言的即時性，說過就消失了，無法存留下來，我們只好依靠文字來盡量趨近、還原原始的語言。中國文化卻相反地認為文字是神聖的、永恆的，保留了原初黃金時代的真理，語言相對只是現實的，而且存在時間短暫，文字的地位遠高於語言，尤其是和思想、信仰相關時，當然要取得文字上的依據。

佛教產生的吸引力之一，就在於擁有用文字寫成的龐大佛典。接觸佛教後，中國便大量翻譯佛經，後來還掀起了「求經熱」，很自然地將閱讀佛經視為最重要的成佛管道。到了惠能的時代，中國翻譯佛經已經有四百年左右的積累，產生了兩個醒目的現象。第一，佛經汗牛充棟的數量，逐漸令人望而生畏，成為信佛、學佛的障礙，而且閱讀佛經也成為專門的知識追求，和信仰的關係愈來愈間接。第二，在這過程中，當然就阻止了許多不識字的人來信佛成道。雖然有講經、唸經的做法，但在佛門中，識字能讀佛經的比不識字的地位高得多，也才被認可是真正懂得佛教的人。

如果繼續堅持讀佛經來成佛是唯一途徑的話，那麼不只是眾多不識字的人被排除在外，就連一些識字的人想到、看到佛經的規模，也會打退堂鼓吧！也就是說，佛經不再是傳佛法的助力，反而成了阻力。譯經四百年的歷史條件，到這個時候在等候一個像惠能這樣的人，代表眾多庶民提出打倒佛經權威的主張，以便掃除信佛的障礙，重新擴大佛教的群眾基礎。

06 不在佛經，而在人事、人性中求佛法

《六祖壇經．般若品》說：

善知識，一切修多羅及諸文字、大小二乘、十二部經，皆因人置。因智慧性，方能建立。若無世人，一切萬法本自不有，故知萬法本自人興。一切經書，因人說有。

與佛教相關的知識都是手段，重點在引導人信佛，不同的佛經為了不同的人而設置。世人是根本，經書所承載的內容是為了讓人能獲得智慧，所以經書是因人而有，獲得智慧的方式也就因人而異，不必然一定要透過經書。不識字的人當然就不靠經書啊，也不會因為讀不懂經書就不能了悟。

佛經不只是工具，而且還是為部分的人而設的。只適用於部分人的工具，哪有那麼了不起？《六祖壇經．付囑品》中說：

> 汝等諦聽，後代迷人，若識眾生，即是佛性；若不識眾生，萬劫覓佛難逢。吾今教汝識自心眾生，見自心佛性。欲求見佛，但識眾生；只為眾生迷佛，非是佛迷眾生。

到哪裡去求知佛性呢？就是透過對於眾生的了解。捨棄了眾生，要到眾生以外去找尋，那就算經過了萬劫那麼長，近乎永恆的時間，都別想遇到佛。從你自己心裡認識眾生，因為你和眾生共享佛性，也就能看見自己心裡的佛性了。

這就更進一步主張，如果不重視周遭的人，那麼花再久的時間，經歷千劫百難，都遇不到佛，因為走錯路了。引申這個態度，也就是不到佛經裡求佛，也不必然到佛寺裡求佛，而是到一般世間、市井、社會中去求。將原本佛法超越人事，在人性之上的地位，認為只有擺脫人事與人性才有佛法的態度，都給逆轉了過來，要到人事、人性中去求佛法。

錢穆先生將六祖以降禪宗的轉變，比擬為西方馬丁·路德（Martin Luther, 1483-1546）的新教改革。的確，惠能提出這樣的主張，找到了接受、支持這種主張的受眾，將這種主張散布擴展出去後，使得之前與之後的佛教大不相同。原先佛教中最重要的其中四件事，從禪宗六祖之後通通不一樣了。

第一件事是「成佛」。在新禪宗裡，成佛不難，成佛的工夫沒那麼重要。從眾生到成佛，是每一秒鐘都可能發生的。前一瞬間你仍然「自性迷」，那就是眾生；下一瞬間你「自性覺」了，立即成佛。成佛不再依靠工夫，原本的「禪」就是工夫，現在這個禪宗卻告訴你，工夫的終極就是沒有工夫。

第二件事是「求往生」。佛教承諾信眾得脫苦惱後到西天極樂世界，也就是淨土宗的「淨土」。極樂世界當然不是現實世界，以此讓佛教和處理生死有了密切關係。六祖還是說淨土，卻不再區分「西天」和「東土」。「隨其心淨，及佛土淨」，就算是活在東土，只要心淨就得到解脫，那些已經去了西天的人，如果心不淨，也還是解脫不了啊！

佛土不再是原本描述、許諾的那樣一塊遠在西方的領域，佛土是依照你的自我、自體、自性來決定的。於是連追求極樂往生的信仰也被禪宗改造了。

第三件事是「求法」。「萬法」本來有雙重義，既指眾多道理，也指佛經中所包納的內容。所以佛經內容等同道理的總和，而且道理是極其眾多、極其複雜的。可是新禪宗卻主張，不是人人都需要佛經，求法要往內心中求，不是到文字書籍裡求，而且求法非但不是求其複雜，而是求其直接、簡易。真正的「法」一定是頓時、瞬間就能領悟的。

第四件事是「出家」。惠能不識字，當然不可能將閱讀佛經視為必要；同樣地，他在承接弘忍的衣缽之後，輾轉流離，有十五年的時間沒有出家，但並沒有因此失去他的智慧與資格，那麼在他之後，出家也不會再被視為佛教信仰中的必要因素了。

07 「庭前柏樹子」，禪宗的「破」與機鋒

會出現禪宗的宗教改革，一項因素是四百年譯經事業所造成的本末倒置現象。「經」本來是讓人了解佛祖及佛祖教誨的手段，到這時候，「經」本身成為目的，所以產生了對於經書權威的質疑，進而有了推翻經書權威的強烈反動。不識字的惠能最適合代表這樣的反動態度：既然讀佛經是為了使我們的心和佛祖所開悟的道理合而為一，那就表示最終的「本」畢竟是你的心，而不是知識。

這項發展和馬丁・路德啟動的新教改革頗有相呼應之處。宗教的勢力成長到一定程度，宗教組織就僭越了原本的宗教目的，於是刺激了一些人想要越過這個組織，尤其是組織所訂定的種種

規範，回歸宗教的原初意義。禪宗基本上也是這樣的一種改革力量。在唐代社會中，出家成為流行現象，佛寺大盛，識字讀佛經的和尚壟斷了對佛教的詮釋，同時也就壟斷了解脫權，取得極大的影響力。好像出了家、進了佛寺，就求得了佛法，就見到了佛。

所以禪宗是佛教發展到這個階段的一股批判力量，一種回歸純粹、回歸宗教初心與根本教義的主張，也就是一種「破」的運動。重點不在於正面地表述、解釋佛法，而是找出各種方式來破除對於佛法的錯誤看法，這是禪宗最大特色、也是最大價值所在。

其中一種方式，對後來影響很大的，就是「機鋒」。那是透過帶有高度戲劇性的、不是一般人預期得到的對話，來凸顯平常概念的謬誤。舉個比較簡單的例子，出自北宋道原僧的《景德傳燈錄》，說丹霞天然和尚到慧林寺，因為天氣冷，他就將人家廟裡的佛像拿去燒了。人家當然罵他，他就說：「我是為了要燒佛身體裡的舍利子。」人家就說：「木頭怎麼可能燒得出舍利子來！」丹霞也就冷冷地回應：「那你罵我幹什麼？」

你自己都承認那是木頭，就表示我燒的是木頭，天冷燒木頭有什麼不對嗎？你罵我幹嘛？更重要的，你明明知道那是木頭，為什麼又煞有介事地假裝那是佛呢？佛有可能藏在木頭裡嗎？拜佛又怎麼能得到佛法？

又有趙州從諗禪師，人家問：「如何是祖師西來意？」達摩祖師從西方來，用意是什麼？他回答說：「庭前柏樹子。」明顯答非所問。類似的還有，人家問：「如何是佛？」洞山守初禪師回答：「麻三斤。」為什麼要這樣答非所問？或許我們可以從其他機鋒中尋得線索。

趙州從諗禪師留下的另一個機鋒，說有人剛入山，到他的廟裡來，就請教初來乍到該怎麼做？趙州問他：「吃粥了沒？」那人說吃了。趙州就說：「洗缽盂。」吃過了粥，就將盛粥的碗洗乾淨。突然之間，那個人就了悟了。原來佛法修行不外就是本分，或者說就是回歸事物自然的道理。餓了就吃粥，吃了粥就該洗缽盂，如果一切都能如此看透、想透其自然道理，不多不少，那就是佛法了。[13]

所以「祖師西來意」、「何謂佛」，其答案在「柏樹子」、「麻三斤」裡，那不過就是隨身看到什麼指什麼，可以是桌子，可以是電燈，也可以是窗戶、行道樹或兩隻麻雀。自心自體如實認識這些事物，就是佛意，就是佛法。

13　以上三則故事，出自南宋無門慧開禪師所撰的《無門關》，此書收錄有四十八則禪宗公案。

08 「呵佛」、「罵祖」，禪宗的否定表達

百丈懷海禪師曾問其師馬祖道一禪師：「如何是佛法旨趣？」馬祖回答：「正是汝放身命處。」就是去想、去選擇，要將你的身、你的命放在什麼地方最好、最安穩，那就是佛法所指引的。南宋禪僧圜悟克勤的《碧巖錄》中也有一則，慧超去見法眼文益法師，問：「如何是佛？」法眼的回答是：「你是慧超。」意思是幹嘛問「佛」呢？重點在認識自己，好好認識了自己，從內心安頓了自己，那就是佛。如果不這樣和自己關聯，那求佛也沒有意義。

還有語不驚人死不休的德山宣鑑禪師。明代瞿汝稷編的《指月錄》中記錄：

諸子。老漢此間。無一法與你諸人作解會。自己亦不會禪。老漢亦不是善知識。百無所解。只是屙矢放尿。乞食乞衣。更有什麼事。德山老漢勸你。不如本分去。早休歇去。莫學顛狂。每人擔個死屍。浩浩地去。到處向老禿奴口裡。愛他涕唾喫。便道我是入三界。修蘊積行。長養聖胎。願成佛果。如斯等輩。德山老漢見之。似毒箭入心。……乃至達磨小碧眼胡僧。到此來。也只是教你無事去。教你莫造作。著衣喫飯。屙矢送尿。更無生死可怖。亦無涅槃可得。無菩提可證。只是尋常一個無事人。

他一副耍賴的模樣，說自己什麼都不會，就只是大小便。不用去想學什麼，就只要「本分去」，刻意要培養什麼、造就什麼，立志追求佛法，那是「毒箭入心」，失了本分，反而害了內心。那些人以為達摩胡和尚大老遠來，一定有什麼了不起的道理，其實也不過就是「無事去」，照常穿衣、照常吃飯、照常大小便，這樣就沒有什麼生死恐懼，也不用追求什麼涅槃、證什麼菩提，沒有任何不尋常的。

他還出言不遜地罵人，說想求法的都是神經病，自己沒有想法、沒有生活，跟像他這樣的一個「老禿奴」要口水吃，想像這老師有多厲害、多了不起。

更進一步，《碧巖錄》中還有雲門文偃和尚的故事。雲門禪師讀佛經，讀到上面描述釋迦牟尼佛出生時，「一手指天，一手指地，周行七步，目顧四方，云：『天上天下，唯我獨尊。』」他就說：「我如果當時在場，就一棒子打死，丟去餵狗！」

這種態度一來指出佛法只是平常，而這種「非常」和佛法恰恰相反，怎麼可能是真的？所以用最激烈的語言來凸顯看法，生下來就走路說話，而且說出自大狂妄的話，那不是妖孽是什麼？怎麼可能是佛？這樣的人不是「無事人」，而是最大的造作，還要「唯我獨尊」、自我標榜，絕對不是佛，一點價值都沒有，只配拿去餵狗。

二來，別以為佛經就是神聖的，就必然是真理，只能畢恭畢敬地全盤接受，佛經上說得沒道理也還是沒道理。連佛經都可以質疑，都可以用這種激烈方式否定，這是禪宗的典型立場。

這裡存在著根本的弔詭，要追求真正的佛法、佛心，就要去除掉拜佛、將佛視為非常偶像的看法。拜佛、求佛反而就無法真正在心中見佛，所以非得將那種向外索求的佛的形象摧毀不可，所以要「呵佛」。信崇權威告訴你的答案，把別人的答案當作自己的答案，去信從這些人，那同樣也偏離了佛法，所以還要「罵祖」，打倒所有之前的權威。

這在打倒範圍內的，包括了禪師自身，他們不能講一般正面的話，被信徒拿去當真理來崇拜，因而必須選擇負面、否定的表達形式。

德山宣鑑禪師明白列出了不能做的事，排在第一的就是「拱手作禪師，覓個出頭處」。不要當老師，尤其是不要靠著當老師出頭。那樣你就一定會想出一些花言巧語來迷惑人，贏得別人的信從，尊敬你為「長老」。如此失去本分，跟自己都無法交代，怎麼可能讓別人覺悟呢？

用這種激烈的言詞，是為了將自己的禪師身分都解消掉。

09 「棒喝」的瘋狂喜劇性精神及其隱憂

禪宗的教法中，最戲劇性的不在語言內容，而在行為動作，也就是「棒喝」。「棒」是真的拿棒子打，「喝」是大聲叫，不過還有一個關鍵重點，就是突然、不預期。突然打、突然對著大叫，來製造驚嚇的效果。

禪宗有一種稱為「參」的學習方式，指的是修行到了一定程度，就故意隱去名號，混跡到別的禪師那裡，參考觀察別人教什麼、如何教。臨濟義玄禪師去「參」黃蘗希運禪師，一待就是三年，一句話都沒說過。三年後，他第一次開口問黃蘗：「如何是佛法大意？」結果黃蘗不說話就打。過一陣子，臨濟又問：「如何是佛法大意？」得到的仍然不是回答，而是打。

到第三次同樣問、同樣被打，臨濟就離開那裡去找大愚法師，說：「過了那麼久，我還是不知道什麼是佛法。」大愚問他都在哪裡學過什麼，臨濟就將在黃蘗那裡的事說了，特別表示實在不知道自己怎麼錯了，為什麼被打？大愚就說：「黃蘗還真囉嗦也真有耐心，你這傢伙被打了三次，竟然還在想自己怎麼錯了。」聽到這裡，臨濟懂了，就說：「啊，原來佛法也沒什麼嘛！」大愚就捉住臨濟的衣領說：「剛剛才說自己不懂、不會，現在又說佛法也沒什麼，你究竟悟了多少？」臨濟就在大愚的肋骨下打了一拳。大愚放掉他，又說：「你的老師是黃蘗，不干我的事。」臨濟就又回去找黃蘗。

這是「棒」的教法。後來臨濟則更喜歡用「喝」的。「棒喝」是誇張地阻斷用習慣方式思考的手段。求佛就問什麼是佛法，以為那是一種知識，以為可以靠著知道佛法的定義來學佛、求佛，這是大錯，所以要被「棒」、被「喝」。

五臺山祕魔巖有個和尚，隨時帶著一根木叉，遇到有別的和尚來禮拜，人家一拜，他就拿木叉頂住人家的脖子，然後說：「哪個魔道壞蛋叫你出家的？哪個魔道壞蛋叫你出外行腳的？說了死，不說也死，快說！」祇林和尚則是準備一把木劍，自稱要用木劍降魔，遇到有和尚來參禮，就大叫：「魔來了！魔來了！」然後一邊亂揮木劍一邊回到方丈室。

為什麼要這樣嚇唬人？用首山省念禪師的說法，就是要鼓勵人有自信，去找別人教導、求道就是錯的，你只能跟自己學佛，用自己的力量求佛。

錢穆先生說，這樣的禪宗風格內在有一種「瘋狂的喜劇性」，這成了禪宗宗教改革的奇特核心精神。從唐末到北宋初年，是禪宗以瘋狂喜劇性精神推動宗教改革的黃金年代。不過這種主要發而為否定性、破壞性力量的改革，不可能持久。

時間久了，形成的第一項作用是「佛」和「非佛」無從分辨。不需要出家，甚至變成不該出家，出家了也不知道要做什麼。會投身激烈改革運動的人，通常身上都帶著巨大的能量，然而改革後的這套教理卻告訴他們什麼事都不要做，不能特別去做什麼事。這是截然的對比與矛盾，於是使得他們訴諸於瘋瘋癲癲的行為，如果不打人、不罵人，如果不表現張狂，那他們還能做什麼別的嗎？

還有第二項作用，就是產生了許多造作欺騙。否定、打倒既容易又有趣，加上發展出瘋狂的戲劇性，於是又增添了強烈的表演性質。原先被「棒」、被「喝」的人真的會驚訝，真的會困惑，然而時間久了，「棒喝」變成固定教法，也就失去了驚訝效果。被「棒」、被「喝」的人早就預期要被「棒」、被「喝」，於是雙方的互動就成了套招表演。

這條路沒辦法一直走下去。

10 宗杲的佛教世俗化與佛、儒交融

對於禪宗後續走出新路，有巨大貢獻的是南宋大慧宗杲大師。他還是上承六祖所開創的這個傳統，卻多加了一個「煩惱即佛性」或「煩惱即是佛」的觀念。

佛法就是世間法。活在世間，父子關係就是天性，如果兒子死了父親既不煩惱也不想，父親死了兒子既不煩惱也不想，那也就算了，但如果硬要禁止，使得想哭的時候不敢哭，要想的時候不敢想，那就是逆天理、滅天性了。用這種方式求道，也就是「揚聲止響」、「潑油救火」的矛盾做法。所以要重視煩惱，不要一味求壓抑煩惱、忽略煩惱。人會煩惱，必然有切身、內在的理由，不能把煩惱推出去，用外面的力量來處理煩惱。

原始佛教教人取得智慧、解脫煩惱，宗杲卻主張「煩惱就是佛」。這就使得禪宗進一步世間化，不只不出家，而且俗世家裡的煩惱還很重要，應該認真地用佛理的態度來正面對待。為了父子關係而煩惱是天性，那麼原本許多生命中要依靠佛法排除的，就都藉由天性的理由放回來了。

這樣的佛教，離印度原始佛教思想很遠了。宗杲還明確地討論「士大夫學道」和「出家人學道」的差異。就佛教本位立場，應該強調出家人學道比較好吧？宗杲卻倒過來強調：離開了汙泥就長不出蓮花來，所以出家人能學的道層次比較低。出家人是「在外打入」，士大夫是「在內打

出」，而後者的力道比前者強。強弱的判定是：出家人在乾淨環境裡沒有什麼障礙與阻力，所以弱；士大夫在人世間隨時受到挑戰，非得有強大力量才能超越、扭轉。

依照宗杲的理論，出家求道其實是省事，雖然同樣求道，留在俗世的士大夫其成就反而比出家人要來得高。不只是不需出家就能求道，還進一步逆轉為不出家所求得之道更深、更高。

禪宗至此又走過了一段奇特的辯證。從不識字的六祖惠能開始的變革，要人屏除那些太過知識性、思考性的外在內容，直接應對內在佛性；然而一路演化，到宗杲時竟然又變成和士大夫、和文人相接近的態度。到了這裡，佛教禪宗和在士大夫圈中形成的儒家理學，已經沒有截然的區別了。

雖然理學擺出「排佛」的姿態，然而從思想史角度看，理學不只和禪宗關係密切，甚至就是禪宗的進一步發展。理學中人建立了自己的系譜，上溯到唐代的韓愈，尤其看重韓愈「復古」、「原道」、「闢佛」等立場。這使得後世的人很容易產生儒、佛對立的印象，於是在談理學時就順著強調他們攻擊、批評佛教的意見。然而如果認真回到史料上，認真理解一下韓愈所反對的佛教，和宋代跟理學並存的佛教內容，我們會得到很不一樣的看法。

從唐朝到宋朝，禪宗奪取了佛教的主流地位，過程中已經將佛教大幅地本土化與世俗化。韓愈反對佛教的首要理由就在於佛教是外來的，幹嘛去崇奉這來歷不明的神呢？可是到了宋代，禪宗已經根本不信那個神，把神拉了下來。韓愈強烈抨擊佛教「無君無父」違背了中國傳統倫常，可是到了宋代，禪宗也講父子天性了，還反對出家，要求在家依隨煩惱而求佛法。

宗杲甚至明白地推崇「士大夫求道」，等於是徹底推翻了過去佛教和中國士人傳統之間的齟齬衝突，公然向文人招手。這個時候，韓愈那套「闢佛」說法已經完全不管用了，所以才需要新的「理學」來因應禪宗在思想上的步步進逼。要對抗這套新的佛學，理學必須有新的本事。到哪裡去鍛鍊新的力量呢？向敵人學習，吸收佛教、禪宗種種吸引人的觀念，再進行「儒學轉化」，才能建立起對抗的基礎。理學是如此從佛學、禪宗裡脫化出來的。

11 禪宗沾染著濃厚的中國社會性質

朱熹在〈中庸章句序〉裡有一個說法：「彌近理而大亂真」。為什麼那麼討厭「禪」？正因為「禪」和理學太接近，所以會造成更大的混淆。理學之所以產生「程朱、陸王」之爭，相當程度上就是從和「禪」的距離及關係而來的。「程朱」強調「性即理」，反對「陸王」的「心即理」，關鍵就在陸象山的說法太像禪宗的「自體佛性論」，認為萬法皆在自我之中，只要找回本心就好了。

「禪」也就成為理學內部紛爭的武器。要反對陸象山，最有效的說法就是說他是「禪」而不是「理」。而一旦用這種方式將論敵說成是「禪」，內部矛盾變成了敵我矛盾，雙方也就很難和解了。

正因為和禪宗有那麼密切的思想關係，就愈是必須撇清自己的思想來歷和禪宗無關。這就是為什麼理學內部要重整儒家經典，先是抬高《易繫辭》的地位，進而將《禮記》中的〈大學〉、〈中庸〉兩篇拉出來，排在《論語》、《孟子》之前，形成了過去並沒有的「四書」架構。

這正是為了表明，他們所說、所主張的不是「禪」，不是受「禪」影響而來的，是儒家原本就有的。為了劃清界線，理學拚命將「禪」向外推，卻模糊了一項重要的歷史事實：禪宗的佛教性質比它的中國社會性質來得稀薄。禪宗不是從佛教信仰中必然長出來的，裡面有太多和原始佛教格格不入的成分，毋寧是來自根深柢固的中國社會集體價值。

禪宗建立了「頓教」，強調既不必出家，也不需花費長年苦修工夫，信佛、求佛變簡單了，這是一大吸引力。禪宗「不立文字」，將傳教的基礎從文字轉移到語言、行為，如此使得不識字的大眾也都可以接觸佛教的思想，這是另一大吸引力。不過禪宗沾染了濃厚的中國社會性質，後來也就再一轉，轉出了仍然是由文字所記錄的「公案」，而且到後來這些公案累積的篇章書籍分量，不比佛經來得少。

更麻煩的是，禪宗求破不求立，要人去除種種框架、執念後「自見佛性」，那然後呢？然後就做一個了悟的「無事人」。這很簡單，卻也很沒有成就感，相對地其實依賴著觀念與思考，所以反而要文人才有能力實踐、享受，也能和「文人文化」的追求結合在一起。禪宗提供了像之前所說的文人畫美學精神的一份支撐與一套解釋，在這裡產生了和文人之間的另一種密切連結。

中國禪宗傳到日本之後，得到了充分「美學化」的發展。了悟之後的「無事人」，和了悟之前的人，到底有什麼差異？那就是他能更真切地生活，在生活中體會出過去體會不到的「真滋味」。同樣喝一碗湯，現在他喝出了多種滋味，喝出了細膩的差別。即便是最簡單的味噌，鹽的分量不同，醃製的時間與環境不一樣，甚至醃製人的心情與用意不一樣，這種種差異，了悟的人都能從湯裡品嘗出來。

同樣喝茶，就喝到了茶的細微處；同樣看風景，就看出了大自然不同的秩序與意義。從這裡而有了日本的茶道，有了日本的庭園，產生了日本人獨特的生活態度與生活中低調卻堅持的美學講究。

第十講

理學及儒家的復興

01 從《宋明理學概述》序看錢穆治學來歷

錢穆曾經在一九五二年寫過一本小書，書名是《宋明理學概述》。從篇幅上看，這本書其實並不小，但從寫作心態上，卻是錢穆隨手寫的，而不是認真的研究成果。那一年，他從香港來到臺灣，住在臺北桂林路的一間小房子裡，手上沒幾本書，寫作時基本上只靠記憶、筆記，和《宋元學案》、《明儒學案》兩部書。

在這本書的序言中，錢穆回憶在無錫入小學時，顧子重老師教國文。一天黃昏薄暮，顧先生將學童們召來，取酒微酌，摸摸當年十二歲小錢穆的頭，說：「你這小孩文章寫得好，有浩暢的文氣，將來可以學韓文公。」又對其他小孩說：「將來你們都比不上他。」

大家聽得出來這是老師對錢穆極大的稱讚，不過有個難處，誰是「韓文公」啊？老師解釋：韓文公是唐朝人，「文起八代之衰，為唐宋八大家鼻祖」。再過兩年，錢穆十四歲進中學，開始讀韓愈的文章，旁及柳宗元和歐陽修的作品，主要是姚鼐《古文辭類纂》和曾國藩《經史百家雜鈔》書中的選文。

民國元年（一九一二年），他實歲十七，家裡窮得無法繼續念書，就去當小學老師，他說當時的眼光窄小得可憐，以為天下的學問沒有超過姚鼐、曾國藩那兩本書的。學校裡有另一位老師，叫秦仲立，將近五十歲了，也喜歡姚鼐、曾國藩的書，因此和錢穆成了忘年之交。有一天，秦仲立問這位「小友」，知不知道我們的一位同鄉浦二田（浦起龍），也編了一本《古文眉詮》，裡面也收了很多文章。同樣都是治古文的，同樣都編古文文選，為什麼大家都只讀姚鼐、曾國藩編的，卻沒人理會浦二田呢？

錢穆的回應是反問秦仲立，那你覺得怎麼樣呢？秦仲立表示自己真的不了解，所以才特別問他。這真是個有度量而且求學若渴的人，竟然願意真誠地問一個比他小三十歲，年紀上整整小了一輩的人。

人家這樣真誠地問，錢穆沒有答案，於是就開始注意並思考，文章到底是如何分類，又是用什麼標準選出來的？但這可沒那麼容易得到答案。如果你不是讀過一位作家的全集，要如何判斷選集中為什麼選了這篇、沒選那篇，又如何判斷選文的標準是什麼，選文的眼光好不好？於是這刺激了年輕的錢穆先從韓愈的全集讀起，再到柳宗元、歐陽修、王安石，基本上都是閱讀全集的用心。

讀王安石的《臨川集》，裡面有一卷又一卷的議論文章，錢穆讀了很喜歡，回頭一查對，卻發現自己喜歡的文章，姚鼐和曾國藩都沒選。於是領悟了，他們兩人的「古文義法」不足以代表學術至高的境界。

然後他又從唐宋八大家旁及朱熹、王陽明，原本還是當文章來讀，逐漸地就離開了文章筆法的判斷，進入了他們的思想。他開始讀《傳習錄》、《近思錄》，這可就不是文章了，不是按照文章要領寫成的，而是「語錄」，用很淺白卻相對淩亂散漫的方式講思想的。

從這兩本書再追到黃宗羲的《宋元學案》和《明儒學案》。到這裡，他暫時停止自唐代以下的閱讀，轉而去讀先秦的五經和諸子百家……。這就是他學術的路數與經歷。

02 宋明理學：安放個人生命的真切探索

這樣讀書讓錢穆意識到，不管是宋明的語錄，或是清代的考據，姚鼐、曾國藩他們這種「古文家」都不欣賞，甚至抱持鄙視態度，然而他自己卻「久乃深好之」，讀久了愈讀愈喜愛。回顧自己讀書，他認為幾十年來在困窮不良的環境中，若還有什麼樣的進展，最主要就是在對於宋代、明代儒家的認識上：

雖居鄉僻，未嘗敢一日廢學。雖經亂離困阨，未嘗敢一日頹其志。雖或名利當前，未嘗敢動其心。雖或毀譽橫生，未嘗敢餒其氣。雖學不足以自成立，未嘗或忘先儒之榘矱，時切其嚮慕。雖垂老無以自靖獻，未嘗不於國家民族世道人心，自認以匹夫之有其責。雖數十年光陰浪擲，已如白駒之過隙，而幼年童真，猶往來於我心，知天良之未泯，自問薄有一得，莫匪宋明儒之所賜。

在動盪戰亂的時代，能夠成就一位大學問家，錢穆認為最關鍵的就在於自己深入學習了宋明理學，那不只是他的學術根基，更重要的，是他的生命準據。他這個人之所以為他，一輩子遇過最重要的，就是宋明儒的思想。

錢穆自述的經驗，其最重要的轉折，在於原本是要學文章的，因為小學老師的稱讚鼓勵，認為他能寫文章，也就是要從閱讀中去培養、磨練一種技巧和一份本事，來把自己的文章寫好。然而讀到朱熹、王陽明後，這態度徹底改變了，他逐漸知道這不是「文章之學」而是「生命之學」。他開始轉而學這種「生命之學」，才有了後來一切的看法、主張與成就。

學文章是外在的，和你是個什麼樣的人、要做個什麼樣的人無關。學理學卻直接改變你這個人，改變你看待自己的方式，以及你過生活、做決定的方式。

對於宋明理學，經常引發兩極的反應。討厭理學的人很多，而且都是極度討厭。另外一邊人數上比例小，但肯定的也都極度肯定。這裡其實牽涉到看待宋明理學的角度。有人將理學當知識，但也有人像錢穆這樣，將理學視為生命實踐的道理，而不是外在的一套學問。

理學中人文章寫得很糟，道理講得很囉唆，引用古人意見時常常有「硬傷」，不只不精確，而且往往充滿臆測。但換另一個角度看，宋明理學是對於如何安放個人生命的一種真切探索。

對於錢穆的話，我的感觸很深。念中學時，有一份特別的國文輔助教本，叫做《中國文化基本教材》，內容其實就是《四書》的選段。這些內容必須背誦，因為考試要默寫，是我非常厭惡、幾乎最厭惡的課本。然而高中二、三年級，在沒有人強迫的情況下，我自己讀了《傳習錄》和《近思錄》，回頭準備考試背《中國文化基本教材》時，突然變得沒那麼痛苦了，甚至還引發了高度的好奇與興趣。

從語錄中，我看到朱熹、王陽明他們誠懇的一面，確切感受到這些人講這些道理，不是單純要人家接受、追隨，更重要的是要你去思考。於是理學家們相對直率的口語說法，也影響了我如何看待孔子、孟子。

03 什麼是最高的自由？我欲仁，斯仁至矣

年輕時讀理學，尤其吸引我的，是他們認真探討什麼是自由，還是最高的自由，並且獲致了特別的答案。年紀大一點，讀到美國漢學家狄培理（William Theodore de Bary, 1919-2017）的一本小書，標題叫做「中國自由主義的傳統」（*The Liberal Tradition in China*）。從書名我就明白狄

培理要討論的是什麼。他很博學、也很有想法，不過要在中國傳統思想，尤其是儒家思想脈絡下談「自由」，對狄培理來說，畢竟還是有些內容不容易理解與掌握的，也就是不在西方「自由主義」思考模式中的。

宋明理學沿著孔、孟精神要講的「自由」是什麼？那是周敦頤教程顥、程頤兄弟時，給他們的一份功課，要他們「尋仲尼、顏子樂處，所樂何事？」去翻書、查書，看孔子、顏回為何而樂？他們都是在什麼狀況下會感到快樂？他們在高興什麼？

《論語》裡孔子、顏回之樂，總是和個人自由有關，當我們感覺自己是自由的，就會有最真誠的快樂。快樂牽涉到可以不依賴別人。宋明理學探討什麼是終極的、根本的自由，既完全與他人無關，也是他們絕對無法干預、無法取消的。

他們得到的答案，就是《論語．述而》中孔子說的：「我欲仁，斯仁至矣。」意思是，你主觀上決定要做個好人，要努力學習讓自己變好，總是做對的、好的判斷，而這個念頭、這項決定，純粹是你的自由。

這只牽涉到你自己個人的意志，與你的身分、你的處境、你的條件通通無關。任何人在任何狀況下，都可以做這樣的決定。這樣的決定你能實踐多少，讓自己變得多好，能做多少好事，那會受到諸多外在因素影響；然而同樣地，不管你實踐了多少、變好多少、做多少好事，都無礙於你做這樣的決定，也無法取消你做這樣決定的自由。別人的意志、集體的規範，或是再怎麼龐大的權威，能夠管制、扭曲你的行為，卻無論如何不能管到你要做個好人的主觀決定。

不到二十歲時，我讀到了這樣的論理，深受感動。我明白了宋明理學是一門教人如何自由、如何過得自在又心安理得的學問。就在差不多這個時候，有一天去理髮，一邊理髮一邊攤開當天的《中國時報．人間副刊》來看，上面刊載了討論教育的企畫專題，邀請了建中和北一女的學生來座談表示意見。在座談記錄中，就有建中學生想當然耳地批評孔子的教育理念、孔子的思想什麼的。這麼多年後，仍然清楚記得當時既憤怒又心急的感受。憤怒的是氣我這些不長進的學弟，不自己讀書弄明白，卻拾人牙慧說些人云亦云的看法，也氣他們用這麼輕蔑的態度厚誣古人；心急是因為頭髮理到一半，不能離開，必須等師傅把我的頭剃好。

好不容易離開理髮店，一回到家，我就奮筆疾書，寫了一篇投寄到「人間副刊」的文章。裡面的重點是：孔子不是不能批評，但批評有批評的責任和原則。什麼狀況下不能批評、不該批評？第一，如果你從來不曾自己下過工夫去理解這個人和他的思想、他的主張，那就不能批評、不該批評。第二，你下過工夫卻發現這個人的終極關懷，也就是他最根本的生命目的，和你自己的態度、信念相去太遠，那也不該批評、不能批評。

這不是為了衛護孔子，而是要弄清楚自己的立場。到現在，我依然遵守這樣的立場和原則來理解理學，也就是要以他們的歷史情境為前提，去體會他們為何、如何建立了這套學問。

04 以三國斷代，個人存在思考的新階段

五代之前的中國是門第社會，進入宋代之後，轉型為鬆散平鋪的社會結構。五代之前，中國經濟是以莊園、大農戶為主的，而實際耕種生產的主要是佃農；進入宋代，變成小農經濟，生產者與土地擁有者身分重疊的比例很高。五代之前，北方的影響力高於南方；宋代之後，南方興起，取北方而代之。

這是近世史的特色，錢穆在《國史大綱》中雖然沒有用「近世」的名稱，卻大致運用了同樣的斷代分期觀念。不過他特別強調，社會、經濟、南北差異都顯現五代到宋代的巨大變化，然而學術史上卻有不同的分期標準。

他所提出的看法是：在學術思想上，三國時期具備特殊意義。三國之前，是「王官學」和「諸子學」之爭。三國之後，重點變成了「教理之爭」，也就是信仰與領悟之間的差異。

謝靈運曾經籠統地解釋為「華夷差異」，認為中國人比較容易聽道理，願意被道理說服，有問題時也傾向從道理上去尋找答案，相對地沒那麼容易接受信仰。而夷人，也就是那個時代從西域來的人，則剛好相反，容易接受信仰，用信仰來解決困惑。道理是累積的、思辨的，而信仰是立即的、直覺的。信仰是從外面給予的，道理則是自己內部領悟的。

另外，在三國之前，不管是王官學或諸子學，其學術主體都是在思考集體與社會問題。儒家在春秋時提出了對於個人安身立命的一些重要看法，不過其主流畢竟是要從修身擴展到齊家、平天下。道家莊子有最開闊的個人與自然關係的想像，然而到了漢代，道家的主流並不是莊子，而是教導人如何進退，統治者如何運用權力、保有權力的老子。

三國之前，中國學術有很好的發展，然而漢代卻在個人存在問題上相對沒有積極的探索。漢末大亂，戰爭、逃難、飢餓、貧窮，生活充滿了不確定性，人們不只受到身體上的種種折磨，同時格外感到心靈的空虛。就是在這種狀況下，佛教傳入中國，有了愈來愈大的影響力。

佛教最不同之處，就在著眼於個人對自我生命的理解與認知，讓人可以得到心情的安定。王官學和諸子學都是集體的知識、學問，而從此之後展開的「教理之爭」，則是個人的知識、學問，關切的是人如何活得安穩。

「教」和「理」是個人能夠活得安穩的兩種不同方式。一種是由別人，藉由某種權威告知你真理，於是你相信這份真理，依隨這份真理而不再困惑、不再痛苦浮蕩。另一種則是藉由自己的知識與推理，尋得一套道理，被這套道理說服了，由這套道理指引以離開惶惑不安。

以三國為斷代，也就是中古時期，在中國學術思想上開啟了「個人存在思考」的新潮流、新階段。

05 理、教之爭，從理教並存到理勝於教

「存在思考」或「存在主義」當然是來自西方的名詞與概念。西方存在主義和之前的其他哲學思想流派，最大的不同就在於對待人的問題的態度。過去的西方哲學將人當作 question，尋求 answer；存在主義則將人視為 problem，要尋求的是 solution。前者的態度是要知道關於人的真理，但存在主義的起點卻是質疑：知道了這些真理，有助於我如何活著，如何在日常生活中做決定嗎？有了答案，不等於得到解決的辦法。

套用這個分別，我們可以說，三國之前的中國學問主要是處理 question，正因為專注於處理 question，給予相應的答案，所以忽略了提供解決的辦法。三國之後的學問方向，轉而將人視為必須解決的問題，並且努力提出解決的辦法。

謝靈運所說的「華夷之別」指出了面對存在解決這件事上，中國文化中有一種「智識主義」的傾向，偏好以思考、推論來進行，用「悟」的方式來解決。因而佛教進入中國，先是和老莊、《周易》的思想結合在一起，暫時排除了佛教強烈的信仰方向內容，以思辨的面貌在中國呈現。

魏晉南北朝時，就連佛教內部都是「理」高於「教」，所以產生了如此龐大的譯經事業。最熱衷於譯經的玄奘到了天竺後，所選擇投身的宗派，也是智識思考性質最強烈的「法相宗」（唯

識學）。

從這個角度看，三國是一個關鍵轉折點，五代是另一個關鍵轉折點。那就是在「理教之爭」的格局裡，五代之前基本上是「理教並存」；但五代之後，就變成了「理勝於教」。

禪宗表面上是「教」，但在精神上擯棄了所有的信仰儀式。禪宗同時進行了兩面革命，一面是上一講仔細解釋過的揚棄經典的革命，還有一面是揚棄所有信仰形式的革命。連出家、誦經都不要了，還有什麼儀式能躲過禪宗的批判攻擊呢？擺脫儀式，當然是遠離「教」；就算擺脫經典，理由也是經典是外在的記錄、給予的真理，不是你自己領悟出來的，所以沒那麼重要。讀了再多的佛經，你還是不知道自己到底是誰，無法為自己決定該如何過日子，那有什麼用？禪宗扭轉了重點，應該要將我們的生活變得和佛經一樣，如果佛經不能進入我們的生活，那麼佛經就是空的，也是虛幻的。

宗教的信仰面一定有很多儀式。去做禮拜，感覺上帝會愛我、照顧我；去告解，感覺上帝會原諒我；祈禱、背誦《玫瑰經》，感覺上帝會聽到我、注意我。佛教中「出家」是重要的儀式，表示進入了一個可以寄託生命、解決生活問題的特殊空間裡。但禪宗都不要這些，過去佛教的儀式禁忌，到這時都被禪宗打破了。禪宗認為，如果世俗種種都還會牽絆你，致使你必須出家來逃離，那就表示你沒有真正「悟」，這樣就算出家也沒有用，解決不了你的存在問題。

禪宗走到後來，不出家卻逃俗。逃俗是一種領悟，是「理」，然而悟了之後，表面上是「無事」，即改變了一個人的態度，卻不改變他的生活。這就是禪宗提出的存在上的解決之道。

出現在宋代的理學，不是單純的知識，而是從儒家的觀念中尋找新的存在解決的努力。其目的不在累積知識，而是要安頓存在。理學的興起受到禪宗的高度刺激，同時也是為了解決禪宗留下來的大問題。悟了之後要如何？不改變生活，那麼要如何分辨悟之前的「混沌」和悟之後的「無事」？

06 這個世界找不到沒道理的東西

回想自己當年原本那麼厭惡背《論語》、《孟子》，卻在接觸宋明理學後改變了，為什麼？其中一個原因，是那個時候喜歡讀一些別的同學不會看、覺得看不懂的書。例如看了殷海光先生關於「邏輯實證論」的文章，尤其對於羅列出來的種種邏輯謬誤印象深刻，特別是其中一項「訴諸權威的謬誤」。

我們可以發現身邊充滿了「訴諸權威的謬誤」，其中老師是一個權威，要我們不管老師說什麼都必須接受、服從；另一個很容易辨識的權威就是孔子、孟子，不管他們說什麼，都要當作真理背下來。

而宋明理學卻是一開始就知道，光是告訴你誰說了什麼，像佛經中那樣宣示「如是我聞」，就要你相信，那是無法解決你的生命問題的，也就不會是真正的權威。為了讓儒家知識能夠對應到人的實際生命，宋明理學致力於給予長久留傳的道理相對客觀的基礎。

首先要找到道理的「宇宙論」基礎。那就是周敦頤《太極圖說》所發揮的作用，然後再到張載、程顥、程頤，都是要重建服膺儒家這套道理的根本理由。現代新儒家學派代表人物杜維明先生用英文來解釋，那就是強調人作為 Co-Creator 的特殊地位，也就是凸顯「參天地化育」的意義。

Co-Creator 的觀念是由和西方基督教信仰對照而來的。基督教神學的開端一定要分清楚上帝和人的絕對差異，上帝是 Creator（造物者），而人屬於 Creature（受造之物）。但理學卻是以人具備天地「共同創造者」的身分為前提的。

宇宙萬物有共同的起源，在那裡蘊藏著一切道理、原則，人和世界上的所有事物都是這套道理所衍生出來的，也就必然依循、服膺這套道理。不過更重要的，我們不只是從這套道理中化育產生，人也是唯一能夠理解這套道理的，所以能夠依照這套道理來管轄萬物，建立文明。道理並不是因為孔子說的、孟子說的就是對的，而是來自更本源的一個終極權威，從那裡一直貫徹到我們的人性。

之所以稱為「理學」，因為「理」是中心。程顥的名言說：「吾學雖有所受，『天理』二字卻是自家體貼出來。」（《外書》）「天理」就是萬事萬物的道理總和，物有物的道理，事有事的道理。一張桌子要能站著，一個杯子要能盛水，要有其道理。走哪個方向能到哪裡去，必須花多少時間抵達目的地，也要有其道理。這個世界找不到沒道理的東西、沒道理的事。你能看到、你能知覺、你能掌握的，只要是這世界上所存在的，背後必有一理。

而稱為「天理」，指的不只是杯子有杯子的道理、桌子有桌子的道理、做老師有做老師的道理，而且這些道理有一個統納之處。事物各有其理，但個別的理必然有彼此呼應、關聯之處。

理學的兩大基本信念是：一、沒有事物是沒道理的；二、事物的道理都是相關的。由此出發去討論如何更好、更有效地安頓人的生命。

「天理」的概念對中國社會有很深的影響，一直到最世俗的層次。到今天我們都還說：「這沒有天理！」或說：「這還有天理嗎？」欠人家錢不還，還要動手打人，「這還有天理嗎？」說這話就意味著，我們相信每一件事背後有一個是非善惡的判準，每一件事都有其當然之處。

程顥特別強調「自家體貼出來」，首先表白這不是他發明的一項學問。天理之存在、天理之遍在，也不是《易傳》說的，或是孔子說的，而是本來就在那裡，可以靠自身的努力去捕捉、去領受。別人說的是一回事，自己「體貼出來」是另外一回事。

理學的中心項目是：人活在世界上，最重要的是什麼？要去認識這個「理」，還要去經驗這個「理」，再將自己安放在這個「理」上。發現「理」、體會經驗「理」，朝內就知道如何做個人，朝外就知道如何製造一個杯子，也知道該如何對待別人。那麼你就不會困惑，也就能安心自在了。

07 陸九淵的「心即理」，理本就在心中

這項核心對所有的理學家來說基本上都是一致的，然而在到底該如何去認識「理」這件事上，產生了嚴重的分歧。後來形成了「程朱」、「陸王」兩大派別。這兩派怎麼分呢？回到生命的學問層面上來看，就不難了解。

陸王的「陸」是陸九淵，他的理論根源來自《孟子．告子上》：「此天之所與我者，先立乎其大者，則其小者弗能奪也。」要認識「理」，就要從根本，別耗時間在枝節上。「理」的根本在哪裡？他又引用《孟子．告子上》來說明：「理義之悅我心，猶芻豢之悅我口。」理義讓我心感愉悅，就像好吃的東西讓我的嘴巴愉悅一樣。也就是一吃就明白好不好吃，不用別人教你，那麼同樣地，什麼是道理的對錯，其實我們也有本能可以知道。

《孟子．公孫丑上》說人和禽獸最大的差別，在於有「四心」：惻隱之心、羞惡之心、辭讓之心、是非之心，所以這四心是天生的本能，也是人內在擁有的。天生的本能也就自然會導引我們做出決定來。《孟子．告子上》另一段名言說：

> 魚，我所欲也；熊掌，亦我所欲也。二者不可得兼，舍魚而取熊掌者也。生，亦我所欲也；

義，亦我所欲也。二者不可得兼，舍生而取義者也。

如果必須做明知不應當的事才能活著，那麼寧可不活，這樣的選擇就像只能在魚和熊掌之間選一個，一定會選擇比較珍貴難得又比較好吃的熊掌，兩件事同等的自然。你本能知道熊掌比較好吃，也就有本能知道「義」比「生」重要。

從孟子的著作裡，陸九淵認定了道理不可能難以理解。做一個人本來就具備所有的理，你所需要的，不過就是往自我內在復原被外界欲望矇蔽了的這些本能，誠實面對自己最根本的感覺。將干預或阻擾的自私、欲望、利益排除掉了，就會發現「義」就在那裡，「理」也在那裡。

如何形容陸九淵所主張的認識「理」的方法？坦白說，最好的方式是借用禪宗的語言——「直指本心」。回到本心上，就能找到答案，答案早就在裡面了。所以陸九淵的理論一言以蔽之，稱為「心即理」，理本來就在心中。如此說「理」，那很明白，指的是「是非之理」、「事上之理」，也就是遇到了事情，如何判斷對錯來選擇自己的行為。當然這不表示你天生就知道如何製作一張桌子，知道如何生火燒出杯子，但你具備一定的判斷，知道站不穩的桌子一定不對勁，知道會漏水的杯子一定沒燒好，這不需要別人教，在「心」中就有了。

《宋元學案》中有一段記錄，是陸九淵學生詹阜民的故事。從學陸九淵，他天天聽老師說「先立其大者」，於是不斷努力追索「大」到底在哪裡。有一天，他突然從身體裡湧出一份格外的快樂，覺得一切事物都清澈通透。他從樓上走下來，老師陸九淵一看到他，馬上就說：「你領悟了。」

這故事一方面顯現了陸九淵的教法是真有成效的；另一方面也凸顯了內心會直接反映在外表上，光看寧定的神情就能知道這個人在心中尋著了「理」，亦即其「大」者。

可是這個故事卻在羅整庵的《困知記》中被拿來檢討、批判，其理由是：「蓋惟禪家有此機軸，試觀孔曾思孟之相授受，曾有一言似此否乎？」羅整庵認為這種態度是「禪」，而不是儒家。這像極了公案中老和尚啟悟小和尚，卻絕對不是孔子、曾子、子思、孟子會有的教法、會有的情節。

「心即理」高度依賴直覺，認識理的方式是跳躍的，突然就通徹透明了。人因而剖分為兩種，一種是沒有悟的，一種是已經悟的。在這兩方面，都和禪宗極度類似，讓另一派無法認同。

08 程朱的「性即理」，理在感官發動前

從宋代的「程朱」到明代的羅整庵，他們和陸九淵這派最大的衝突，就在於和禪宗的關係，要區分儒學與佛教的差異。對他們來說，「心即理」太主觀了，從目的到方法，都沒有客觀標

準。你怎麼知道靜坐苦思就是找到「理」的有效方法？更重要的，你怎麼知道自己朝內心挖掘時，挖到的是真正的「理」？

理學的關鍵用意，就在和禪宗搶奪幫助人安頓身心的權威，和禪宗之間有明確的競爭關係，像陸九淵這樣和禪宗如此類似，沒有立出自身的招牌，要如何能贏呢？還有另一個關切點，之所以從周敦頤講「太極」、張載講「天地」，刻意建立起儒家的「宇宙論」，就是看到原本孔孟之教中缺了這一塊，在這方面比佛教弱太多了。他們需要讓人家知道孔孟道理的來源。在這點上，他們針對禪宗講「心」的個別性、主觀性，刻意朝向建立客觀性著力。「程朱」派強調的是「性即理」。

《朱子語類》中有一段朱熹的話：

> 故上蔡云：「佛氏所謂性，正聖人所謂心；佛氏所謂心，正聖人所謂意。」心只是該得這理。佛氏元不曾識得這理一節，便認知覺運動做性。如視聽言貌，聖人則視有視之理，聽有聽之理，言有言之理，動有動之理，思有思之理，如箕子所謂「明、聰、從、恭、睿」是也。佛氏則只認那能視、能聽、能言、能思、能動底，便是性。視明也得，不明也得；聽聰也得，不聰也得；言從也得，不從也得；思睿也得，不睿也得，它都不管，橫來豎來，它都認做性。它最怕人說這「理」字，都要除掉了，此正告子「生之謂性」之說也。

朱熹引用謝良佐（上蔡先生）的話，區分佛教說的「性」，是理學中的「心」；而佛教說的「心」，卻是理學中的「意」。佛教將知覺運動當作「性」，也就是感官的能力，指的是人天生而來的視覺、聽覺、語言說話、動作行為及思考等能力。但是在理學的定義與主張中，這只是「心」，而不是「性」，因為「性」還牽涉到正邪是非選擇，也就是牽涉到「理」。

「心」是官能，「性」卻包含了官能的道理，尤其是簡別、判斷官能訊息的標準。不是所有聽到的聲音都是正確的，聽覺還有敏銳或不敏銳的區分，不能將所有的聽覺感官都當作一樣的。思想有好的有壞的，有聰明的有愚蠢的，背後必然有一份分辨好壞、聰愚的「理」。

對朱熹來說，理學強調、凸顯這「理」，佛教卻忽略、甚至逃避這「理」，這是最大的區別所在。陸九淵認為只要保持「心」的乾淨、清明，對於外界的知覺沒有被障蔽、被扭曲，那就是「理」。但程朱派不同意。在他們看來，這樣就和佛教所主張的沒有兩樣。「理」是讓我們分辨感受是否正確，更重要的，能分辨感受好壞善惡的標準，那就不可能存在於感官中，而是在更根本的「性」中。

陸九淵認為，「心」清靜了，自己是誠實的，不自我欺騙也沒有被既定的觀念誤導，回歸直覺的心安或不心安、快樂或不快樂，一定清楚明白。程朱派則認為，天地萬物有其一貫之理，既然是一貫、共通的，那麼也就必然存在於人的本性之中。不過那所謂「本性」，是感官受外界刺激之前的靜寂狀態，一旦有了刺激，產生了感受，就不再是本性了。所以「理」不可能存在於統理感官的「心」之處，而在於「性」，也就是感官發動之前的某種本體中。

所以要認識「理」，不能在已經受到感應刺激的「心」上求，而是要去除感受，再往前接觸到「性」。這就需要有工夫，有時甚至需要繞道去探究外在的事物、現象，藉由理解事物、現象之「理」，回推自己身上具備的同樣一套「理」。

09 程朱的實踐工夫：格物窮理、居敬涵養

「心即理」和「性即理」的區分，因而又牽涉到工夫。陸九淵的工夫是完全向內的，其分別是「有／無」，即領悟或沒有領悟，中間沒有漸層灰色地帶。這又很接近禪宗的「頓教」。程朱派則主張將「心」打掃乾淨只是起點，還要以乾淨、清明的感官去認識世界，客觀地研究世界的共通之「理」，再回歸到自身內在的「性」，然後將此「理」透過知識和行為予以實踐，也就是改變自己的道德判斷與生活方式。

朱熹有一段話，以「坐」來解釋理學與佛教的差異。他說佛家講「坐」，怎麼坐都是坐，可以平著腿坐，可以交著腿坐，也可以盤腿坐，彎著或直著身體坐。然而理學講「坐」，就要尋出坐的道理。看「坐」這個字就明白了，那是一個人盤腿並撐直上半身的形象，所以這樣才是坐。

坐有坐的道理，不是所有的坐法、坐姿都是平等的。佛教看到的只是「實然」，將實然當作全部；但理學不能不追究「應然」，到底怎樣才是對的，或怎樣才是最好的。「理」不是實然的規律，而是應然的規範。

道家講「自然」，萬物自有其不受人影響、也不隨人改變的規律。理學卻要「格物窮理」，也就是研究萬物不只蒐集實然，還要找出背後的應然。不只是鳥如何飛，還要探究為什麼有些動物會飛、有些不會，這道理是什麼？正確的飛是如何飛，比較好的飛和比較差的飛又是如何評判區分的？

要認知這樣的「理」，就牽涉到我們如何安放自己的生命。程朱理學的說法叫做「居敬涵養」，必須以安靜、嚴肅、認真的態度來對待這個世界，不能馬虎、不要開玩笑，這是「居敬」。以「居敬」態度探究世界的過程中，我們就累積了對「理」的認識，同時倒過來讓我們更容易安定、安靜。

「涵養」也就意味著要累積，不可能突然到達，不可能像陸九淵認定的那樣，上樓時還懵懵懂懂，下樓時就突然「悟」了。累積過程中最重要的是「集義」，也就是持續思考選擇做對的事、做應該做的事。知識必須聯繫到行為，知覺了「理」是這樣，就依照「理」來行事。「集義」久了，才能養成習慣，又是一種「涵養」，你才能夠不必每次都要研究、都要想，就可以得到愈來愈準確的行為判斷力。

這樣的看法，又和陸九淵理論中將「理」當作理解的事不同。程朱派強調光是理解、光是

「悟」不夠，還需要實踐在行為上，更進一步形成理解和行為的循環加強——理解幫助決定行為，正確行為累積為習慣後又回頭加強理解。

「居敬」要「有事」，也就是要有目的。「敬」或「靜」只是一種手段，本身不是目的，讓人以「敬」或「靜」來認識、體會「理」，但終究還是要動起來，回到生活上實踐。「有事」當然也是對應並隱含批判禪宗的「無事」的。

10 四書：安頓心靈及過道德生活的指引

人和「理」之間存在著「窮理」的工夫。「理」有很多面向、很多層次，所以必須不斷地去認識、去綜合。不過也就在這點上，程朱的理論後來受到王陽明強烈的質疑與批判。如果萬物皆有其理，如果「理」那麼多、那麼複雜，那要如何綜合呢？我們怎麼可能窮盡一切事物的「理」，等到研究遍了萬事萬物才得到那綜合的「理」？那樣我們永遠到不了統合的「理」那邊吧？

王陽明在龍場認真地從研究竹子之理開始，進行這種累積的「格物窮理」，然而連竹子之理都還沒研究透徹，就先病倒了。他恍然意識到這一定不對，不可能如此一樣一樣事物去研究，去找到那統合的、根源的「理」。知道很多事物，和知道統合的「理」是兩回事。所以他轉而在陸九淵「先立其大者」的方法論中找到答案，並展開精彩的推演，從而形成浩蕩的「陸王」一派。

關於王陽明的質疑，程朱派的基本立場是「理一分殊」，道理是一貫的、一整套的，會以不同方式展現在不同事物上。所以研究不同事物所認識的「理」畢竟是相通的，累積久了可以「一旦豁然貫通」。

從「格物」、「窮理」的討論，我們才能理解，為什麼到了宋代之後，儒學最重要的經典從「五經」變成了「四書」。「五經」和「四書」最大的差異，在於前者是知識、學問，後者是安頓心靈及過道德生活的指引。將《大學》、《中庸》、《論語》、《孟子》放在一起，每本書的性質就被改變了，凸顯了提供存在答案的功能。

也可以說，從「五經」到「四書」，顯現了儒家學問從集體的知識，轉化為個人的知識；從應該記誦的內容，轉化為進入生命中解決問題的助力。配上《大學》，因為《大學》從頭到尾講次第，清楚地指引了「涵養」的累積順序，也就是保證累積工夫有效、可以不斷開展的權威。配上《中庸》，因為《中庸》講「天命之謂性」，從「性」和自然、上天的根本關係講起，是整全「道德宇宙論」的權威。

對於標舉出「四書」，經常看到的解釋是為了讓讀書人有個起步之處，因為經典太多了，會不知從何讀起。這解釋不能說錯，「四書」的確有這樣的作用，但這種解釋忽略了更深刻的用心，那是為了對應儒學知識不斷外在化而產生的矛盾落差。原本來自生命反省的智慧，卻變成考試的題材，以至於和真實的人生斷裂開來，也因此使得想要得到生活指引的人，只好去佛家那裡找答案。「四書」是要提倡不同的讀書方式，為自身修養、為解決生命困惑而讀書，在這個態度上，和之前讀「五經」的目的應該區隔開來。

然而更大的矛盾和反諷出現在明代，「四書」加上朱熹的注釋，又成為考試的題材。最僵化的「八股文」考試幾乎都是從「四書」中出題目的，於是朱熹這些理學家組構「四書」的深刻用心又被湮沒了，走到了相反那邊，也就是他們原先反對、對抗的那種純粹知識性的閱讀態度上。理學的精神也就被誤解、甚至被遺忘了。

11 儒家的復興要從老師開始

朱熹強調「格物」，藉由研究萬物來探索「理」，不過這套論理有一個致命傷，那就是沒有、也無法建構更明確的邏輯，來將萬物各有之理和自然共通之理聯繫起來。他們運用的思考方式通常很含糊，以類比為主。今天我們有西方科學為對照，「後見之明」地了解到，這裡最主要缺少的就是「歸納法」。歸納法一方面整合觀察與實驗，由重複個案中找出規則來；另一方面再將許多規則整合為系統。

少了歸納法，針對眾多事物進行「格物」所得到的個別、零散知識，就無從組合，也無從「致知」以產生他們所主張的普遍、貫通之「理」。單純從直覺上主張，累積到一定程度便能「豁然貫通」，畢竟會遭遇到許多困難。

北宋理學的起源，在形成以「理」為核心的知識系統之前，其實是先強調、重建了「老師」的角色。這是從韓愈〈師說〉延續下來的，主張恢復古遠時師道的理想。老師不能只是「授業」，還要「傳道」和「解惑」。重新定義老師，連帶就改變了學問的性格。老師不該只教外在的學問，因為還有比外在學問更有價值的，也需要老師教。老師應該是生命的指導，也就意味著和生命指導有關的學問，比原先那種記誦之學的內容要來得有價值。

在這之前，當人遇到生命上的困惑時，他能去哪裡？只能到佛寺吧！或者在禪宗發展之後，禪師進一步將解決的答案在佛寺以外的世俗環境中提供。在這過程中，儒學很明顯地失去了具體的關聯性，也就失去了對大多數人的吸引力。因而儒家的復興要從老師開始，要凸顯韓愈說的「傳道」與「解惑」。老師要能傳道與解惑，那麼他所認識的「道」，就必須和生命的困惑發生密切的關聯，也必須開展出種種新知識、新信仰。

早期的理學家，他們的學問幾乎都是在和學生互動中形成的，之後在程顥、程頤兄弟手中，開始進行系統化與理論化，也就出現了「專業的理學家」。他們是老師的老師，提供老師如何傳道、解惑的系統知識和系統訓練。

也就在系統化的過程中，出現了不同說法所衍生的派別。再到朱熹，靠著他的龐大心智力量，對之前的理學知識進行了大整合，一度成為集大成者，似乎統合了理學的江山。當然，大一統一定不利於新想法、新變化，所以一度看來理學似乎走到了盡頭。不意就在朱熹的影響力達到最高峰時，出現了無法被他併入集大成系統的陸九淵思想，而進入明朝之後，這一派系又藉由王陽明而蔚為顯學，開拓出明代理學的另一片風景來。

國家圖書館出版品預行編目（CIP）資料

不一樣的中國史. 8 : 從外放到內向，重文輕武的時代-五代十國、宋 / 楊照作. -- 初版. -- 臺北市 : 遠流, 2021.01
面； 公分.
ISBN 978-957-32-8930-2(平裝)

1.中國史

610 109020134

不一樣的中國史 ⑧

從外放到內向，重文輕武的時代——五代十國、宋

作者 / 楊照

副總編輯 / 鄭祥琳
副主編 / 陳懿文
特約編輯 / 陳錦輝
封面、內頁設計 / 謝佳穎
排版 / 連紫吟、曹任華
行銷企劃 / 舒意雯
出版一部總編輯暨總監 / 王明雪

發行人 / 王榮文
出版發行 / 遠流出版事業股份有限公司
地址 / 104005 台北市中山北路一段11號13樓
電話 / (02)2571-0297 傳真 / (02)2571-0197 郵撥 / 0189456-1
著作權顧問 / 蕭雄淋律師

2021年1月1日 初版一刷
2021年9月20日 初版二刷
定價 / 新臺幣380元 (缺頁或破損的書，請寄回更換)

ISBN 978-957-32-8930-2
遠流博識網

http://www.ylib.com
E-mail: ylib@ylib.com
遠流粉絲團 https://www.facebook.com/ylibfans